社会风俗系列

体育史话

A Brief History of Physical Culture in China

崔乐泉 / 著

社会科学文献出版社
SOCIAL SCIENCES ACADEMIC PRESS (CHINA)

图书在版编目（CIP）数据

体育史话/崔乐泉著.—北京：社会科学文献出版社，2011.8（2014.8重印）
（中国史话）
ISBN 978-7-5097-2578-8

Ⅰ.①体… Ⅱ.①崔… Ⅲ.①体育运动史-中国 Ⅳ.①G812.9

中国版本图书馆CIP数据核字（2011）第143727号

"十二五"国家重点出版规划项目

中国史话·社会风俗系列

体育史话

著　者/崔乐泉

出版人/谢寿光
出版者/社会科学文献出版社
地　址/北京市西城区北三环中路甲29号院3号楼华龙大厦
邮政编码/100029

责任部门/人文分社（010）59367215
电子信箱/renwen@ssap.cn
责任编辑/王学英　邵长勇
责任校对/张永琴
责任印制/岳阳
经　销/社会科学文献出版社市场营销中心
　　　　（010）59367081　59367089
读者服务/读者服务中心（010）59367028

印　装/北京画中画印刷有限公司
开　本/889mm×1194mm　1/32　印张/6.5
版　次/2011年8月第1版　　字数/120千字
印　次/2014年8月第2次印刷
书　号/ISBN 978-7-5097-2578-8
定　价/15.00元

本书如有破损、缺页、装订错误，请与本社读者服务中心联系更换
版权所有　翻印必究

《中国史话》编辑委员会

主　　任　陈奎元

副 主 任　武　寅

委　　员　（以姓氏笔画为序）

　　　　　　卜宪群　王　巍　刘庆柱

　　　　　　步　平　张顺洪　张海鹏

　　　　　　陈祖武　陈高华　林甘泉

　　　　　　耿云志　廖学盛

总　序

中国是一个有着悠久文化历史的古老国度，从传说中的三皇五帝到中华人民共和国的建立，生活在这片土地上的人们从来都没有停止过探寻、创造的脚步。长沙马王堆出土的轻若烟雾、薄如蝉翼的素纱衣向世人昭示着古人在丝绸纺织、制作方面所达到的高度；敦煌莫高窟近五百个洞窟中的两千多尊彩塑雕像和大量的彩绘壁画又向世人显示了古人在雕塑和绘画方面所取得的成绩；还有青铜器、唐三彩、园林建筑、宫殿建筑，以及书法、诗歌、茶道、中医等物质与非物质文化遗产，它们无不向世人展示了中华五千年文化的灿烂与辉煌，展示了中国这一古老国度的魅力与绚烂。这是一份宝贵的遗产，值得我们每一位炎黄子孙珍视。

历史不会永远眷顾任何一个民族或一个国家，当世界进入近代之时，曾经一千多年雄踞世界发展高峰的古老中国，从巅峰跌落。1840年鸦片战争的炮声打破了清帝国"天朝上国"的迷梦，从此中国沦为被列强宰割的羔羊。一个个不平等条约的签订，不仅使中国大量的白银外流，更使中国的领土一步步被列强侵占，国库亏空，民不聊生。东方古国曾经拥有的辉煌，也随着西方列强坚船利炮的轰击而烟消云散，中国一步步堕入了半殖民地的深渊。不甘屈服的中国人民也由此开始了救国救民、富国图强的抗争之路。从洋务运动到维新变法，从太平天国到辛亥革命，从五四运动到中国共产党领导的新民主主义革命，中国人民屡败屡战，终于认识到了"只有社会主义才能救中国，只有社会主义才能发展中国"这一道理。中国共产党领导中国人民推倒三座大山，建立了新中国，从此饱受屈辱与蹂躏的中国人民站起来了。古老的中国焕发出新的生机与活力，摆脱了任人宰割与欺侮的历史，屹立于世界民族之林。每一位中华儿女应当了解中华民族数千年的文明史，也应当牢记鸦片战争以来一百多年民族屈辱的历史。

当我们步入全球化大潮的 21 世纪，信息技术革命迅猛发展，地区之间的交流壁垒被互联网之类的新兴交流工具所打破，世界的多元性展示在世人面前。世界上任何一个区域都不可避免地存在着两种以上文化的交汇与碰撞，但不可否认的是，近些年来，随着市场经济的大潮，西方文化扑面而来，有些人唯西方为时尚，把民族的传统丢在一边。大批年轻人甚至比西方人还热衷于圣诞节、情人节与洋快餐，对我国各民族的重大节日以及中国历史的基本知识却茫然无知，这是中华民族实现复兴大业中的重大忧患。

中国之所以为中国，中华民族之所以历数千年而不分离，根基就在于五千年来一脉相传的中华文明。如果丢弃了千百年来一脉相承的文化，任凭外来文化随意浸染，很难设想13亿中国人到哪里去寻找民族向心力和凝聚力。在推进社会主义现代化、实现民族复兴的伟大事业中，大力弘扬优秀的中华民族文化和民族精神，弘扬中华文化的爱国主义传统和民族自尊意识，在建设中国特色社会主义的进程中，构建具有中国特色的文化价值体系，光大中华民族的优秀传统文化是一件任重而道远的事业。

当前，我国进入了经济体制深刻变革、社会结构深刻变动、利益格局深刻调整、思想观念深刻变化的新的历史时期。面对新的历史任务和来自各方的新挑战，全党和全国人民都需要学习和把握社会主义核心价值体系，进一步形成全社会共同的理想信念和道德规范，打牢全党全国各族人民团结奋斗的思想道德基础，形成全民族奋发向上的精神力量，这是我们建设社会主义和谐社会的思想保证。中国社会科学院作为国家社会科学研究的机构，有责任为此作出贡献。我们在编写出版《中华文明史话》与《百年中国史话》的基础上，组织院内外各研究领域的专家，融合近年来的最新研究，编辑出版大型历史知识系列丛书——《中国史话》，其目的就在于为广大人民群众尤其是青少年提供一套较为完整、准确地介绍中国历史和传统文化的普及类系列丛书，从而使生活在信息时代的人们尤其是青少年能够了解自己祖先的历史，在东西南北文化的交流中由知己到知彼，善于取人之长补己之短,在中国与世界各国愈来愈深的文化交融中,保持自己的本色与特色,将中华民族自强不息、厚德载物的精神永远发扬下去。

《中国史话》系列丛书首批计200种,每种10万字左右,主要从政治、经济、文化、军事、哲学、艺术、科技、饮食、服饰、交通、建筑等各个方面介绍了从古至今数千年来中华文明发展和变迁的历史。这些历史不仅展现了中华五千年文化的辉煌,展现了先民的智慧与创造精神,而且展现了中国人民的不屈与抗争精神。我们衷心地希望这套普及历史知识的丛书对广大人民群众进一步了解中华民族的优秀文化传统,增强民族自尊心和自豪感发挥应有的作用,鼓舞广大人民群众特别是新一代的劳动者和建设者在建设中国特色社会主义的道路上不断阔步前进,为我们祖国美好的未来贡献更大的力量。

2011年4月

⊙崔乐泉

　　崔乐泉，1959生于山东桓台。中国首位体育史专业博士学位获得者。现为中国体育博物馆研究部主任、研究员，博士研究生导师，享受国务院政府特殊津贴专家，国内多所大学兼职教授。曾任日本广岛大学客座研究员。近年来出版有《中国古代体育文物图录》、《中国体育通史》、《图说中国古代百戏杂技》等著作50余部，发表研究论文150余篇。承担多项国家社科基金重大项目、重点课题和一般项目的研究任务。多次在国内和国外及港澳台高校、相关科研机构作学术演讲。

 # 目 录

引 言 ……………………………………… 1

一 劳动和祭礼仪式的产儿
　　——原始体育活动的产生 ……………… 5

二 "交争竞逐，驰突喧阗"
　　——古老的球类活动 …………………… 15
　1. 蹴鞠（足球）………………………… 15
　2. 击鞠（马球）………………………… 22
　3. 捶丸 …………………………………… 27

三 "羿射九日落，江海凝清光"
　　——传统的武艺活动 …………………… 31
　1. 射箭 …………………………………… 32
　2. 拳搏 …………………………………… 37
　3. 武艺器械 ……………………………… 46

四 "逾高绝远，轻足善走"
　　——古代田径运动 ……………………… 55
　1. 跑 ……………………………………… 56

1

2. 跳跃 …… 61
3. 投掷 …… 64

五 "导气令和，引体令柔"
——强身健体的养生体育 …… 68
1. 行气术 …… 69
2. 导引按摩术 …… 77

六 "精思入于神，变化胡能拟"
——传统的棋类游戏 …… 85
1. 围棋 …… 86
2. 象棋 …… 92
3. 弹棋 …… 98
4. 六博 …… 102
5. 双陆 …… 107

七 "泳之游之"、"行冰如飞"
——源远流长的水嬉和冰嬉 …… 111
1. 游泳 …… 112
2. 跳水 …… 117
3. 龙舟竞渡（划船比赛） …… 120
4. 滑冰与滑雪 …… 125

八 "春来百种戏，天意在宜秋"
——丰富多彩的民俗游乐体育 …… 130
1. 春游 …… 131

2. 登高 ………………………………… 133
3. 元宵观灯 …………………………… 135
4. 放风筝 ……………………………… 138
5. 拔河 ………………………………… 141
6. 踢毽子 ……………………………… 144

九 "藤球掷罢舞秋千,世外嬉戏别有天"
　　——千姿百态的少数民族传统体育 ……… 147
1. 大漠中的民族体育 ………………… 148
2. 白山黑水间的东北民族体育 ……… 150
3. 高原上的赛跑 ……………………… 151
4. 能歌善舞的水乡民族体育 ………… 153
5. 趣味浓郁的西北民族体育 ………… 156

十 中国古代体育的组织形式与管理 ……… 159
1. 古代体育的活动场地与器材 ……… 160
2. 古代体育团体组织的出现与管理 … 166
3. 古代教育中的体育活动 …………… 170

十一 近代西方体育在中国的出现和传播 ……… 175

结束语 ………………………………… 182

引 言

我们的祖国,是一个具有悠久历史的文明古国。我们的祖先,曾经创造过灿烂的传统文化。中华民族体育作为一种社会文化,在我们整个社会历史中有着它丰富多彩的内容。

在中国古代词汇中,原本没有"体育"这个词,该词系于19世纪末由日本引入。但这并不意味着中国古代没有体育,只是没有现代意义上的体育,现代体育是时代的产物。在我国古代,反映体育活动的内容非常广泛,这于文献史料和文物资料中多有表现,诸如蹴鞠、马球、射箭、赛跑、捶丸、游泳、摔跤、拳术、导引、棋艺以及众多的民俗游乐项目和少数民族传统体育项目,其中有些至今在民间还有着顽强的生命力。这些内容丰富的体育活动,从总体上看,基本上是沿着军事训练、医疗养生保健和娱乐这三条线索发展的。但是,由于体育活动本身所具有的多种社会功能,其性质就不是单一的。如射箭、摔跤、蹴鞠、马球等,虽然是练武的手段,但同时又是社会的娱乐活动,且广泛为时人所喜爱。

中华民族体育，从其内容的不断丰富及其项目的不断完善来看，它是经过不同时期的流传、融汇而逐步发展起来的。除了华夏民族的传统体育活动外，还包括了在历史长河中通过民族交往传入并在中华大地上生根发展的体育活动。从整体来说，中华体育文化是与中国历代传统社会文化同步发展的。因而，中华民族体育的各类项目，无论是活动形式，还是技术方法，均有着鲜明的东方文化特征。勤劳勇敢的中华民族不仅在其他各个方面创造出了令人称羡的奇迹，在体育方面也同样表现出自己的聪明才智、丰富的想象力和创造精神。丰富多彩的中华体育文化，是支撑世界体育文化辉煌殿堂的重要支柱。

体育是一种独特的文化。当它从远古人的生存劳动中独立出来的时候，即被赋予了游戏的、竞技的、健身的以及教育的内涵和功效。一提起体育，人们就会想到一个个龙腾虎跃的场景，就会想到力量与健美，想到朝气蓬勃的人生。而中华民族体育，正因为它充满了这种龙腾虎跃的生气，才给古老的中华民族不断注入青春的活力，使这个历尽沧桑兴衰的民族在历经战乱和朝代更迭后始终保持着蓬勃旺盛的朝气。

作为社会文化的一个组成部分，体育的发展始终离不开社会政治经济的发展和整个科学文化及精神文明的发展。这就决定了在中国这种传统社会文化的氛围中，民族体育所具有的独特、曲折的发展道路。

春秋战国是我国古代社会大变革时期，七雄并立，争战频仍，军事活动的蓬勃发展以及表现为"百家争鸣"的学术繁荣，均为古代体育多样化创造了条件。在汉代，政治、经济和科学文化蒸蒸日上、充满朝气，因而体育项目的发展丰富而多彩。魏晋时期，儒、道、释三教混流，冲击了传统人性，使养生、娱乐体育得以发展。大唐雄厚的经济实力，繁荣的文化，为具有雄伟、广阔、健美特点的体育的开展创造了条件。宋元都市经济文化的昌盛，为城乡人民文化娱乐活动的发展提供了条件。此时，体育的许多项目成为市民的娱乐手段，并有了大批的专业艺人，诸多项目已逐渐脱离了体育活动的自娱性和广泛性，走向专业化的道路，打上了体育商业化的烙印。明清之际，少数民族文化的交流，使传统体育又向前迈进了一步。但由于封建统治者提倡理学，重文轻武，致使我国古代许多具有练武性质的传统体育项目逐渐衰落甚至断绝。与此同时，一些传统的武术项目，又秘密进入民间，得到了极大的发展。

18世纪末，西方近代体育作为西方文明的一个组成部分，随着洋人的商船和炮舰传入了古老的中国。虽然它们开始被斥为"蛮夷小邦"的"奇技淫巧"，但几经磨难后于20世纪中叶终于进入中国体坛，在中国形成了包容古代传统体育和近代西方体育两大内容的新体育格局。1949年中华人民共和国成立后，现代体育才真正在中国大地扎下了根，从此，中国体坛进入了一个新的历史阶段。

数千年来，我们的祖先在实践中创造出了辉煌夺目的体育业绩,从一个侧面反映了中华民族高度文明的历史。你想了解中华民族体育是怎样产生,怎样发展的吗?那么,就让我们沿着历史的足迹,一同来辨认中国体育在漫长的行程中留下的一个个脚印吧。

一 劳动和祭礼仪式的产儿
——原始体育活动的产生

体育是人类社会活动的内容之一。它同其他文化活动一样,早在远古人类文化的黎明时期,便伴随着原始人的生产劳动和其他社会实践逐渐地孕育并萌生了。

在距今百万年前的石器时代,由于求食与自卫的需要,奔跑、跳跃、攀登、翻越、投掷等,成为远古先民们日常生活中最经常的肢体活动。这些活动便是中国古代原始体育活动的前兆。

考古学家发现的距今170万年的云南元谋猿人、距今约80万年的陕西蓝田猿人和距今约50万年的周口店北京猿人,是迄今在中国发现的具有代表性的早期原始人类。他们处于原始群居的时代,还保留着猿的某些特征,使用原始的打制石器。当时的原始人类,面对险恶的环境,生活艰难,居室简陋,饱受野兽侵袭和病饿折磨。他们凭借着自己的智慧,通过观察和逐渐积累的经验,不断地制造出各种生产工具,并使用这些工具从事渔猎活动。这些生产活动对他们的体能和技巧提出了种种要求,对他们的身体发育产生了多方面的影响。像追逐作为食物的野兽等,就需要有一定的奔跑速度,需要有跳跃、投掷、攀登、翻越、泅水等等技能,而且要能跑善跳,耐久力强,敏捷灵活而又有力量。上述需要促使他们在生产之余进行一些对劳动动作的简单模仿、重复,这就是原始人的最简单的活动,是原始体育活动的雏形。由此,种种原始的体育活动形式伴随着原始人类的艰辛的劳动生活而悄悄地出现了。

旧石器时代中、晚期,由于人类征服自然能力的增强,活动的范围更加广泛,并在生产不断发展的基础上改进了制作生产工具的技术。除了增加石器类型,使其用途得到了进一步分化外,骨、角器的应用更为广泛。在距今约 10 万年的丁村人文化遗址中,除了有大三棱尖状器、小尖状器之外,第一次出现了较为规整的石球。之后,距今约 4 万年的许家窑人文化遗址,更出土有刮削器、尖状器、砍砸器和石球等,特别是石球,数量达 2000 多个。大量石球的存在构成了许家窑石器的显著特点之一。

石球,又称球形石。据推断,当时的石球是装在"飞石索"上的一种狩猎工具。根据民族学的资料,石球在当时作为一种狩猎工具,主要分为原始的以手投掷的和用绊兽索、飞石索投掷的。但人们主要使用"飞石索"的方法,共有两种形式。一种为单股的,使用时将石球拴在一根长 0.6~0.7 米的皮条或绳索的一端,人们在投掷时手握绳索的另一端,先使它旋转,然后放手，石球引索而出飞击野兽。另一种为双股的，索长1.3米左右，中间编一凹兜供盛石球之用。使用时，将飞石索两端握在手中，利用旋转将石球抛出，射程可达50~60米，远的可达100米。利用这种飞石索，既可以投掷一个大石球，也可同时掷出几个小石球。石球的出现和广泛使用，是当时社会文化发展的一个重要标志。作为这一时期的工具的代表，石球的出现不但使当时人们的渔猎活动出现了新面貌，同时也为后来石球作用的多样化，为石球作为一种体育活动形式的产生创造了条件。可以这样认为，远在旧石器时代中晚期，现代体育中各项球类用具的鼻祖——石球，就已开始发挥其多种的社会文化作用了。

弓箭，是现代体育运动中的重要器械，但最初它是作为原始人类的一种狩猎工具而使用的。弓箭的出现在当时的狩猎经济中具有特殊的意义，同时在体育史上也是一件大事。

就目前所知，弓箭上使用的箭头——石镞，近年来在山西朔州市的峙峪人文化遗址（距今约28700年）和其后的沁水县下川文化遗址均有发现。这些石镞的一头都有很锋利的尖，有的两边出刃，加工都较为精细。石镞的出现，标志着人类又掌握了一种新颖的工具和武器。弓箭的射程一般为80~100米，最远可达400~500米，因此，弓箭发明之后，很快就成了原始人的主要武器之一。恩格斯在《家庭、私有制和国家的起源》一书中曾对弓箭的发明给予这样的评价："弓、弦、箭已经是很复杂的工具，发明这些工具需要有长期积累的经验和较发达的智力,因而也要同时熟悉其他许多发明"。因此,弓箭的发明,标志着人们已经把物体的弹力和人的臂力结合起来了。用弓箭打猎成了普通的生产劳动手段之一,同时弓箭的盛行和推广,为其逐渐发展为体育教育的内容打下了基础。

随着新石器时代的到来,农业开始出现了,这大约开始于距今1万年前后。为了适应当时的经济生活,人们使用的工具种类更为多样化,石器即有石斧、石刀、石锄、石耜、石矛、石镞、石铲、石锛、石凿、石镰等等,并出现了制陶和原始的纺织。人类的主要生产方式已由渔猎发展出畜牧,由采集发展出农耕。

农业和畜牧业的出现,虽然大大改变了人类的生活状况,但古老的采集和渔猎在整个社会的经济中仍然占有重要地位。同时,随着工具和技术的改进,在农业发展的带动下,渔猎又有了重大发展。首先,弓箭仍然是当时极为盛行的狩猎工具。陕西半坡仰韶文化遗址出土的骨、石箭头数以百计,其中骨箭头就有三角形、圆柱形和柳叶形多种。在同时代其他遗址中,箭头的出土也占有一定的比例。除了使用大量的石镞,还使用骨镞、角镞、蚌镞等。弓当时是以木制成的,用皮筋条或麻为弦。据民族志材料,近代台湾土番人使用的弓是以竹做成,弦用麻制,其中的箭镞长而细,不带翎毛。这表明人类在狩猎活动的实践中,不断地改进着武器的性能和质量。

与弓箭相关的狩猎工具还有木弩和弹弓。据《石史考》称,黄帝发明了弩。最初的弩结构简单,有一根木臂，上装一竹弓，木臂后有一简单的悬刀。这种原始弩是由弓箭发展而来的，解放初期的鄂伦春族中还在使用这种弩具进行狩猎（见图1）。对于弹弓，古《弹歌》曾这样唱道：砍下竹子，做成弹弓，发射弹丸，直射禽兽。在河姆渡文化遗址和仰韶文化遗址中，曾发现有不少小石球和陶弹丸。大量弹丸的发现意味着弹弓十分流行。从云南傣、佤、布朗、拉祜等民族使用的弹弓看，这种弹弓与一般弓相似，不过皆以竹、藤为之，中央有一兜，可放置一至三枚弹丸，以供射鸟。这一系列狩猎工具的出现，反映了当时人们生活的多样化。同时，传授射猎技艺，培养射箭技能亦成了原始社会后期教育中的重要内容之一。在近代处于原始社会阶段的许多部落中，皆将射箭作为儿童必习的内容之一。

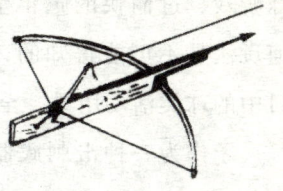

图1 鄂伦春族的地箭（弩）

石球发展到新石器时代，其作用已日渐多样化。由于新的、射程远的弓箭等已在狩猎生活中广泛应用，因而较为原始的石球在狩猎中的作用逐渐地退居次要地位，开始向体育游戏的工具方向发展。在仰韶文化西安半坡遗址中，曾发现过一个三四岁女孩的墓葬，在其身旁随葬有三个石球。据研究，这三个随葬的石球，并不是去供一个三四岁的小女孩像大人生前那样去狩猎，极有可能是作为死者生前的一种运动器具而随葬的，是希望孩子能像活着的时候那样，继续玩石球游戏，过愉快的童年生活。当然，那时石球游戏如何玩法是不可能得知的，但石球作为一种原始体育项目中的球类活动用具，至少在当时已开始盛行了。

矛作为一种击刺武器，早在旧石器时代的河套人文化遗址中就有发现。矛作为一种狩猎用具，在新石器时代的遗址中皆有不少出土，包括石、骨、竹等种类。在古代，由于矛的取材较为方便，因而应相当流行。从旧石器时代以矛为代表的击刺武器的出现，到新石器时代以矛、锤、钺、斧等为代表的各种兵器的发现，不难想象，伴随着武器的制作与创新，原始人的武艺技能逐渐成熟。可以说，现代武术的一些原始形态已在逐渐形成。

随着原始社会物质文化的发展，原始人的教育、娱乐活动也在发展和丰富。首先是随着社会发展而出现在原始军事教育中的训练活动，其次是原始娱乐、原始医疗保健以及原始的宗教活动。但由于当时社会的发展水平较低，人们的思维认识能力，尤其是对自然界的理解，还有着极大的盲目依赖性，因此对自然界中自然现象的依附、崇拜就成了上述诸多原始教育活动中首要的、必不可少的内容，而其具体的表现，就是与上述各原始教育活动密切相关的原始祭礼仪式。

随着氏族、部落间战争的发展，原始的军事训练活动也逐渐萌发出来。这里较为著名的，就是训练战伐之用的"武舞"。在云南沧源先民的岩画中，我们看到了对其原始武舞的形象描绘：山坡上成横列的战士，右手高举短戈，傲然挺立，像有力的击战前的刹那，又像举戈欢呼胜利。画中有诸多人一手执方盾,一手执两端粗中间细的武器,跳着原始的盾牌舞——武舞(见图2)。实际上,这既是一种武舞,同时又是在一定的礼仪形式中所进行的一种军事训练活动。像《周礼》所讲的,"舞师"教喻人们跳各种舞蹈,而其中重要的一项就是要在祭祀山川的典礼上领着舞队跳那种表现战争的"兵舞"(即武舞),这正是原始武舞用于祭祀仪式的遗风。从人类社会的发展历程看,在原始公社时期人类的诸多社会活动中,军事活动占有十分重要的地位,而其中原始的军事训练活动,也是萌发体育因素的重要动因之一。

图2　原始武舞

云南沧源岩画。

原始人类的娱乐活动，往往是在一定礼仪形式中，以舞蹈的形式来体现的。《吕氏春秋·适音》曾描述葛天氏之乐，是三人一队，握旄牛尾，叩牛角，边唱边跳的一种舞蹈。1973年，考古工作者在青海省大通县上孙家寨发现了一个马家窑文化的彩陶盆，陶盆内壁彩绘三组十五个跳舞的人，舞者头上发辫状的物体整齐地摆向一方，他们并肩携手，翩翩起舞，节奏十分明显，反映了原始社会人们狩猎后喜悦跳跃的情景（见图3）。甘肃秦安大地湾遗址仰韶文化晚期地画，亦描绘了原始娱乐舞蹈的群体动作：两个人都为左手叉腰，右臂举顶，双腿交叉，姿态完全相同，人物面对前面方框内的动物，表现的是俎案上陈牲的内容。从这些与祭礼活动相关的一系列原始舞蹈形式可以看出，它们在当时既是一种艺术形式，同时又是一种人们身体活动的形式，而这种形式对后来逐渐形成的体

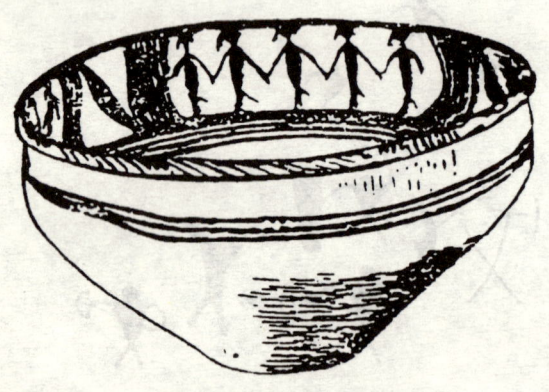

图3　新石器时代　舞蹈纹彩陶盆

青海大通上孙家寨出土。

育有着一定的影响。

《吕氏春秋·古乐篇》曾这样讲到，在原始社会末期的陶唐氏之时，洪水泛滥，湿气太盛，百姓中间普遍出现了肌肤肿胀、关节发炎的疾病。为了同疾病作斗争，人们创造了健身舞蹈，以增强体质，达到抵抗疾病、治疗关节炎的目的。这表明原始人在同大自然斗争的过程中，逐渐积累了一些治病防病的知识，这些即是后来体育疗法的鼻祖。

从上面的分析可以看出，原始体育的形态是随着人类社会生活而产生的。无论是原始的生产劳动，还是原始军事训练、娱乐、医疗、宗教等，都为体育的产生提供了丰富的营养。而且一系列的原始文化活动，多是以原始祭礼仪式作为媒介而逐渐兴起、昌盛的；也导致一些原始的体育形态，通过祭礼仪式逐渐发展并得到进一步的丰富和完善。

由于受原始社会经济条件的制约，原始时代体育的产生和发展表现的是一个漫长的过程。最初所出现的只是与原始性生活相适应的萌芽状态的体育，诸如随着人类的采集和渔猎生活而出现的走、跑、跳跃、投掷、攀登、搏斗等简单的运动技能。但是，随着社会生产的发展、社会生活的变化，尤其是新石器时代到来之后，与早期的军事、教育、娱乐、医疗、宗教等社会活动发展同时，体育的内容和表现形式也逐渐丰富起来，有些内容开始初具体育的特性。像石球、射箭、搏击、游戏、舞蹈、医疗保健等已初见某些后世体育的雏形。特别是由生产工具转化而成的兵器，已经初步构成了远攻、近防、格斗等几个主要类型，为近现代体育器械（主要是武术器械）的产生创造了条件。

从原始人类初期的走、跑、跳跃到后来的球戏、射箭，从最初的砍砸器、尖状器等原始石器到后来以搏斗和进攻性兵器为主的武技的形成，这一系列的原始体育活动形式的产生与发展，都是人类对自身力量的朦胧意识与努力提高自身力量的结果。从人类的原始劳动和各种社会活动中所反映出的原始竞技、医疗、舞蹈的产生与发展，表明人们的身体练习已成为具有多种意义的重要的社会活动。它标志着中国古代体育已呱呱坠地。

二 "交争竞逐,驰突喧阗"
——古老的球类活动

球,也许是因为它的形状以及它所具有的跳跃和运动的功能,所以很早就成了人类日日相伴的游戏用具。在世界各民族中,球类游戏的历史大约可以追溯得十分遥远,几乎在所有的古文明中都有球类活动的记载。人类生活的这个世界,球形物体俯拾皆是,河边的石头,植物的果实,都可以蹴之、掷之、击之、踏之。而这种兴趣形成了人类社会最早的球类游戏。

在中国古代漫长的球类发展史上,由于制球的材料、方法经过多次变化,由于球类不同而形成的游戏方法、场地设备的不同,更由于不同时代、不同规则的形成,从而在中国历史上出现了品类繁多、活动方式各异的球类活动。

 **蹴鞠(足球)**

足球,在我国古代的史籍上叫蹴鞠或蹋鞠。"蹴"、

"蹋"均是用脚踢的意思,"鞠"就是球。蹴鞠是谁创造的呢？西汉学者刘向在其《别录》中写道："蹴鞠者，传言黄帝所作。"1973年在湖南长沙马王堆三号西汉墓出土的帛书《十大经·正乱》中曾这样记载：大约在4600多年前，中原的黄帝部落与南方的蚩尤部落在涿鹿（今河北涿鹿东南）进行了一场战争。这场大战打了好些年，后来黄帝部落取得了胜利，擒杀了蚩尤。为了发泄余恨，黄帝便将蚩尤的胃塞满了毛发，做成球让士兵们踢。黄帝是传说中的部落首领，当时还没有文字记载，所有的社会文化，都是口授相传的。当时有没有创造足球游戏的可能呢？从中原一带原始社会遗址中不断出土的石球遗物看，当时的人类有创造这种游戏的能力。20世纪60年代，考古工作者在云南沧源县境内的高山峭壁上，发现了距今3400年的岩画，其中就绘有多人玩球的图形。上面的有关传说和考古发现，虽未能完全证明古代蹴鞠的起源时间，但却反映了它已有着相当久远的历史。

战国时期，蹴鞠就已经成为相当流行的体育娱乐活动了。据成书于公元前2世纪的《史记·苏秦列传》所记，当时的政治家苏秦在向魏王介绍齐国的繁荣景况时说：齐国首都临淄的居民生活富裕欢乐，人们都经常参加各种娱乐活动，而蹴鞠在当地是深受欢迎的项目之一。当时，不仅齐国、魏国这些北方地区，就是在南方的一些地方，也盛行蹴鞠活动。晋葛洪所辑的《西京杂记》中记载了这样一个故事：刘邦打天下做了皇帝后，他父亲刘太公当了太上皇，但并不满意，终日闷闷不乐。于是，刘邦派人到刘太公处打听，才知这位刘太公以前在家乡楚国沛县的市井中混日子时酷爱踢球，经常同一些杀猪摆摊的好友们在一起蹴鞠取乐。自从住进宫中，没有了过去的老朋友，没有人陪他斗鸡、蹴鞠，因此心中不畅。于是，刘邦就命人仿照原来（今江苏省丰县）的规模，造起了一座新城，并将其父亲的一班家乡旧友、屠贩少年迁往这里。从此，刘太公又可以和他的故旧们在一起斗鸡、蹴鞠了。可见，战国末年的蹴鞠运动在民间已十分普及了。

秦统一六国后，这种活动似曾一度低落，但进入汉代，蹴鞠活动随着经济、文化的发展开始兴盛起来。首先是民间，蹴鞠活动蔚成风气。在风和日丽、春暖花开的寒食、清明节日，蹴鞠竞赛活动是常有之事，刘向的《别录》中就有"寒食蹴鞠"之说。在宫廷贵族中，蹴鞠活动也甚为流行。西汉建立之初，长安宫苑里修建了蹴鞠竞赛场地——"鞠城"。汉武帝时的宠臣董贤，曾将郡国狗马、蹴鞠、剑客，荟萃其家，举行表演活动。在汉代的皇帝中，武帝、元帝、成帝最爱蹴鞠。就是东汉末年的曹操，在南征北战之余，仍然不忘蹴鞠活动。汉代的蹴鞠运动，从民间到贵族阶层都受到了普遍的欢迎。

在汉代，人们认识到蹴鞠活动可以增强体力，培养勇敢耐劳的精神，是军事训练的一种很好的手段，因此这种活动又广泛地流行于军队中。汉武帝时，骠骑将军霍去病远征塞外，在缺粮的情况下，仍"穿域蹋鞠"，以此鼓舞士气。汉代的军士一旦无事，便以蹴鞠为乐，并作为训练士卒、提高战士军事素质的一种方法。

汉代的蹴鞠有两种形式。一种是以表现个人技巧为主的、非对抗的、既可自娱又可供人娱乐的娱乐性、表演性蹴鞠，这种形式就是唐宋时期盛行的"白打"蹴鞠的滥觞。这种蹴鞠只需要小片场地，活动方便，踢时不受场地限制。还有的是表演者以自己的技巧在音乐伴奏下踢出各种花样。在汉画像石、画像砖上，常常见到这类图案（见图4），而且以表现女子蹴鞠的画面为主，说明女子足球运动在这时已开先河。这种踢法流行的范围更广，发展更快，在宫廷、官宦家庭、城市和农村都有。汉高祖刘邦的宫廷范围之内，就盛行这种表演性娱乐性蹴鞠。

图4　东汉蹴鞠图画像石拓本

河南登封启母阙。

还有一种是在球场上进行的以对抗性比赛为主的蹴鞠。这种比赛多是在专门的球场——"鞠城""鞠域"一类的露天球场或者"鞠室"一类的室内球场中进行。至于决定胜负的方式,从班固《汉书·艺文志》中称蹴鞠比赛是"以立攻守之胜者也"就能看出端倪,即是说足球竞赛的胜负规则,是仿效兵家在战场上攻守之胜,以连人带球冲入对方场地底界为胜,似战场上攻占敌营。魏时何晏《景福殿赋》也谈及足球竞赛:"僻脱承便,盖象戒兵。"唐朝李善注:"言相僻脱,似承敌人之便,以象戒兵习战之术也。"吕延济注:"言蹴鞠之徒,便僻轻脱,乘敌人之便以求其胜,此乃如戎兵之事,考察胜否,相解而归也。"这正说明了这种最古老的足球竞赛决胜负的规则。这类蹴鞠形式不仅有锻炼身体、学习军事技能和战术的作用,而且也很好看,有很强的观赏性,因而多盛于军队的军事训练中。

由三国沿至隋唐,蹴鞠的军事意义逐渐地退居次要地位,而娱乐作用则更为突出。与此同时,还出现了一系列的改革。首先,鞠的制作技术,由唐代以前的在皮革做的球里填充毛发而成的实心鞠,发展出了充气的鞠。这种鞠是用动物的膀胱充足气作为球胆,再在外面包上用八片皮革做成的球皮而成的。这样一来,蹴鞠开始向高空发展,并出现了多种多样、趣味横生的踢球方法。当时仲无颜《气球赋》中"交争竞逐,驰突喧阗"的壮观景象,就是对将充气鞠运用到球场上进行激烈竞争的生动描绘。由于充气鞠具有一定的弹力,因而,攻其入门的难度和技巧性就相应地增加了,竞技性的程度也进一步加强了。可以说,充气鞠的发明,极大地促进了运动技术的提高。其次,改进了蹴鞠门。以前的球门称为"鞠室",较为简陋。

而这一时期的球门,是在场地的两端各竖两根数丈高的竹竿,竿上结网形成高高的球门,两队进行对抗比赛,同现代的足球已很相似。除此而外,这时也有两队一个球门的踢法,即两队人分站在球门的两边,球门的网上有一个进球洞,比赛时队员用各种有难度的姿势将球踢进洞里。

由于唐代的鞠体轻了,蹴鞠活动中激烈奔跑争夺的程度有所减轻,因而,自汉代开始兴起的女子蹴鞠在这时更为盛行。唐人康骈在其《剧谈录》中记载了这样一件事:京兆府的官吏王超,有一天走过长安城胜业坊北街时,见路旁槐树下一个衣衫褴褛约十七八岁的少女正在接几个军士踢球时没有能控制住而滚过来的球,只见她不慌不忙,伸腿将球稳稳接住,一记劲踢,球直飞数丈。可见,这时的女子蹴鞠活动已具有了一定的技术水平。

宋代的蹴鞠,继唐代之后进一步在民间开展起来。当时,主要盛行在场地中央设一个球门的形式,与唐代的单球门形式基本一致。球门是在竖起的两根高约三丈多的木杆上结一网,网之上部留一直径为一尺左右的洞,称为风流眼。比赛时,双方各有六七人或十二人,按照一定的位置分工列于球门两边,将球踢过风流眼(见图5)。除了设有球门的形式外,宋代还盛行以表现个人技巧的踢法,称为"白打"。可以单人表演,亦可二三人以至十余人共同表演。表演中除足踢外,头、肩、臂、胸、膝等部位均可接鞠,其花样繁多,灵活方便,因而得到较广泛的推广。

图5　宋代蹴鞠示意图

这一时期，爱好蹴鞠的帝王和大臣也不乏其人。宋太祖赵匡胤、太宗赵光义及大臣赵普等就以善蹴鞠而闻名。尤其是《水浒传》里写的那个高俅，就是因为踢得一脚好球，得到宋徽宗的赏识，而被提拔做了高官。显然，这与当时的统治者对蹴鞠活动的钟爱是分不开的。

有宋一代，由于蹴鞠活动的普及，在民间还出现了蹴鞠艺人的组织——"齐云社"，在当时南宋的临安（今浙江杭州），它是实力最雄厚的蹴鞠组织。这类组织大概是世界上最早的单项运动协会了。

元代蹴鞠继宋代传统，毫未消歇。在元人散曲、杂剧及宋元南戏等文学艺术作品中有着广泛的反映，元代大戏剧家关汉卿还写过《女校尉》散曲，专咏元代女子蹴鞠。不过，这时的蹴鞠活动已逐渐走向纯娱乐的游戏形式。特别是明代，多人蹴鞠游戏较为流行，主要是比花样、赛技巧。明代也有一些皇帝喜爱蹴鞠，故宫博物院藏明人绘《明宣宗行乐图》长卷中，就绘有宣宗朱瞻基观赏侍臣蹴鞠的情景。但是，从整个发展趋势来看，蹴鞠运动已开始低落下去。至清代，蹴鞠活动已主要变为妇女、儿童的游乐内容，虽然爱好溜冰的满族人曾将其与滑冰结合起来，发明了一种称为"冰上蹴鞠"的运动形式，作为禁卫军的训练内容，但这也只不过是盛行于中国古代两千多年的传统蹴鞠活动的余韵而已。清代中叶以后，在社会因素的限制下，随着西方近代足球的渐次传入，中国传统的蹴鞠活动终于被取代。

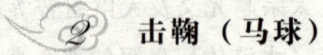

击鞠（马球）

马球，古代称为击鞠、打球或击球，是骑在马上以球杖击球入门的一种运动形式。因为它是一项相当惊险、激烈的运动，所以要求运动员不仅具备强壮的体魄、高超的骑术与球艺，更要有勇敢、灵活、顽强、机智的素质。

关于马球的起源，至今还没有定论。有人认为是在唐代由波斯（今伊朗）经阿拉伯传至吐蕃（今西藏），尔后流行于中原地区的；也有人认为是古代中国人自己创造的。在我国古文献中，"击鞠"一词最早出现于公元3世纪曹植写的《名都篇》中。诗篇中尽情地赞扬了健儿们"连骑击鞠"的技艺，已达到了"巧捷惟万端"的熟练程度。《名都篇》的写作时间在曹丕代汉不久，因此，击鞠至迟于东汉就已经出现了，是当时的一种较具特色的球类运动形式。

除了中原、西北地区流行马球这一运动形式外，在南方地区，马球运动亦是当地的主要娱乐内容。南朝梁宗懔在其《荆楚岁时记》中记当时风俗时说道，清明前后的寒食节，正值春暖花开之日，民间的文体活动即包括"打球、秋千、藏钩之戏"。但由于文献记述不多，因而当时击球的具体情况并不是很清楚。

由于马球的昌盛与古代骑术的发展有着一定关系，因此，它的发展必然受到骑兵骑术的影响。从汉代以后，随着骑术的进步，马具的改革，骑兵在唐代达到极盛。唐代盛行轻骑兵，它有着快速机动与远程奔袭的特长，同时，马上作战、砍杀更为灵活。而马球运动就是训练骑术和马上砍杀技术的最好手段。由于这一军事目的，在统治者的提倡下，马球运动在唐代风行一时。

唐代的马球，分为单、双球门两种比赛方法。单球门是在一个木板墙下部开一尺大小的小洞，洞后结有网囊，以击球入网囊的多寡决定胜负；双球门的赛法与现代的马球相似，以击过对方的球门为胜。

唐代，上至帝王下到文武百官，喜观、好打此球者，大有人在。据《封氏闻见记》载，唐中宗有一次和中外官员们一起观看马球赛。吐蕃国使臣向中宗要求与汉人一比高低，中宗就命宫中几名马球选手与他们比赛，结果打了几场都输了。于是，中宗就命他的儿子临淄郡王（即后来的唐玄宗）和嗣虢王李邕，以及驸马杨慎交、武延秀四人与吐蕃十人比赛。临淄郡王骑上马后，"东西驱突，风回电激，所向无前"，吐蕃队望尘莫及，只得认输告败。中宗见状大喜，赐绢数百缎。当时，不仅骑马打仗的武人们喜欢马球，就是那些书生们对马球也爱至若狂。每年科举考试后，在为祝贺新及第的进士举行的活动中，就有一项是在月灯阁举行马球会。这时，那些在金殿对试时对答如流、笔走龙蛇的书生们，就又都成了身手矫健的马球行家。

随着马球运动的兴盛，唐代宫城及禁苑里，还出现了正规的马球场地。如长安宫城内的球场亭，大明宫的东内苑，龙首池，中和殿及雍和殿等。1956年，西安市唐长安大明宫含光殿遗址出土了一块刻有"含光殿及球场等大唐太和辛亥岁乙未月建"字样的石志。表明在修建宫殿的同时还修建了球场。当时，马球的竞赛活动是很普遍的，1972年，陕西乾县唐章怀太子李贤墓出土的《马球图》壁画，形象生动地反映了当时马球竞赛的激烈场面（见图6）。这是目前出土最早、最完整的马球形象资料，由此也可看出当时的马球运动已

图 6　唐　打马球壁画摹本

陕西乾县章怀太子李贤墓出土。

有相当的规模了。

生活的锦缎,从来都是男人、女人共同编织的;人类历史的全部交响曲中,从来都汇集着女子所弹奏的乐章。马球,这一具有撼人心弦魅力的运动,在唐代同样也出现在女子当中。故宫博物院收藏的唐代《妇女打球图》铜镜,上面所刻的即是四个骑奔马打球的妇女形象(见图7)。五代时蜀花蕊夫人的《宫词》中,亦有"自教宫娥学打球,玉鞍初跨柳腰柔。上棚知是官家认,遍遍长赢第一筹"的描绘。在当时的皇宫中,打球,也是宫女们的主要娱乐活动。同时,随着女子马球的盛行,一种体形较小,跑得较慢的骑驴打球形式——驴鞠,也在妇女当中应运而生,并成为唐代独具特色的一项女子体育运动。

图7 唐 击球纹铜镜
故宫博物院藏品。

宋代,由于尖锐的民族矛盾,使统治者不得不一定程度地重视武装力量的训练,而打马球也就被看做"军中戏"。北宋初,宋太宗曾命令有关部门研究并制定了马球比赛的一些规则。据《宋史·礼志》载,每年三月于大明殿前举行马球比赛时,竖木为门,东西各设一门,高达丈余,柱顶刻龙。由两人守门,二人持小红旗呼报进球得分。球场四周有护卫。球门两旁,置绣旗二十四面,并在殿之东西阶下设架,每射中一球得一分,并将小旗插入架中,终场时以获分、旗多寡较胜负。结束后,皇帝赐宴让臣下及球手们痛饮。

辽、金时代,北方少数民族素善骑射,击球之戏更为常见。当时,每年重午(阴历五月初五)、中元(七月十五)和重九(九月九日),他们都要举行隆重的拜天仪式。在这种祭祀仪式之后,就举行射柳(即以一种扁平的箭镞,按照尊卑长幼,瞄准各自的目标——柳枝,进行射箭的活动)和马球比赛。金代的北方,有一种称为"院本"的剧种,其中就有一本《打球会》的短剧,对当时的马球情节进行了形象的描绘。反映出马球已进入市井通俗文艺之中,表明其在北方已广泛流传。

元代的马球无论是球的制作,还是打法,都与前代不尽相同。以前的球是一种拳头大小的木质球,元代则变为皮缝的"软球子"。球杖也比以前的长,用长杖拖球,或用杖弹打,使其不落地,然后纵马驰至球门,击球入门。

盛行了近千百年的马球活动,流传到明朝初年,还时有开展。如明永乐中书舍人王绂,曾在东苑陪朱棣观看骑射击球,并写下了《端午赐观骑射击球侍宴》一诗,对当时皇帝下诏新开球场及举行骑射、击球等体育活动的盛况,特别是马球分队竞赛的热烈场面进行了形象的描绘。不过,从总体上看,这时的马球已呈衰落之势。尤其是进入明中叶后,马球只是作为宫廷礼制或民间节日活动才得以开展。到了清代初年,马球这一颗在中华古文化史上放射了上下千余年异彩的明珠，终于熄灭了。直到民国初年，西方现代马球传入我国，马球运动才又缓慢地发展起来。

 捶丸

捶丸，顾名思义，捶者打也，丸者球也，是我国古代球戏之一。它的出现与盛行于唐代的球类活动有密切关系。唐代，除了足踢的蹴鞠、骑马杖击的马球外，还出现了一种拿球杆徒步打的球类游戏，叫做"步打球"。玩时分队，用杖击球，以球入对方球门为胜，唐代王建《宫词》第十三首中的"寒食宫人步打球"即指此而言。唐代的这种步打球至宋代遂形成又一种新型的球类运动，这就是捶丸。

元世祖至元十九年（1282年），出现了一部由宁志老人编写的专门论述捶丸的著作——《丸经》。根据《丸经·集序》中"至宋徽宗、金章宗皆爱捶丸"的记述，可知捶丸形成期的下限至晚在北宋徽宗宣和七年（1125年）。当时，连儿童也非常喜爱捶丸活动。如北宋官吏滕甫，幼时"爱击角球"，他的舅父是当时有名的文人范仲淹，"每戒之不听"。这里所说的角球，就是用角骨制成的球，不易击碎。在《宋人画册》中有一幅儿童捶丸图，图中两个小孩，各持一小杖在击丸，形象生动，是当时捶丸活动盛行的有力佐证。

捶丸，在其发展史上曾大盛于宋、金、元三代。上至皇帝大臣，下至三教九流，皆乐此不疲。这在宋元散曲、杂剧中均有形象的反映。元人无名氏杂剧

《逞风流王焕百花亭》第二折中描写道,王焕自夸什么游戏都会,包括捶丸、气球、围棋、双陆等等。此外《庆赏端阳》一剧中也有"你敢和我捶丸射柳,比试武艺么"的道白。最形象、最完整地反映当时捶丸活动情形的,是现存于山西省洪洞县广胜寺水神庙壁画中的元代捶丸图。图中,于云气和树石之间的平地上,二男子着朱色长袍,右手各握一短柄球杖。左一人正面俯身作击球姿势,右一人侧蹲注视前方地上的球穴,稍远处有二侍从各持一棒,棒端为圆球体,居中者伸手向左侧击球人指点球穴位置。它是元代民间捶丸活动的真实反映。

关于捶丸的活动方式和特点,在其盛行不久即有人进行了总结和研究。在前引《丸经》一书中,作者追述了捶丸的发展历史,对捶丸活动的场地、器具、竞赛规则以及各种不同的击法和战术等,作了全面系统的总结和记述。

捶丸的最显著的特点是场上设球穴,以杖击球。据《丸经·集序》所记,进行捶丸一般是在有地形变化、凹凸不平的空旷场地。因此,这类场地多设在野外。在场地上挖一些比丸稍大的球穴,在其旁插上彩旗作为标记。为了使比赛者在击球时能够正对球穴,在场地上还画有击球点——基。基的长宽不满一尺,要选择正对球穴的地方画基。球基和球穴的距离,远的可以相隔50~60步,最远的不得超过100步,近的至少宽于一丈。

捶丸所用杖,俗称"棒",有着不同的类型,如

"撺棒"、"杓棒"、"朴棒"、"单手"等，供人在不同条件下选用，打出不同的球。球棒的制作也很讲究，在秋冬之季最宜取木制棒，并用牛筋、牛胶加固，柄用南方大竹制作，取其刚坚厚实。制棒的时间应在风和日丽的春天和夏天，以便使各种材料能牢牢地结合在一起。

捶丸之球，一般用赘木制成，这种赘木即指树身上结成绞瘤的部分。此类木质生长不规则，树纤维绞结紧密，十分牢固，久击而不坏。同时，所制作的球，要轻重适宜。

捶丸比赛时，既可分组，亦可不分组。以参加人数的多寡又有相应的不同名称，九十人参加的叫"大会"，七八人参加的为"中会"，五六人的则为"小会"，而三四人的称为"一朋"。最少的是两人，叫"单对"。比赛过程中，每人三棒，三棒均将球击入穴中才能赢得一筹，所赢之筹，由输家从赛前自己领得的筹中付给。根据筹之多少，可分为大筹（20）、中筹（15）、小筹（10）。比赛以先得以上各数者为胜。此外，捶丸比赛对不道德的行为还有种种严格的规定，如不能加土或做坑阻拦别人球的行进，不能妨碍他人击球，不能随便移动球的位置，比赛中不能换球棒等等。

明代的捶丸，远不如前代那样普及。现藏故宫博物院的《明宣宗行乐图》长卷中，有一部分描绘的是捶丸图。图中所绘的场地面貌，旗、穴及击丸的棒，侍从的位置等，都与《丸经》上所说吻合。只是图中以人为地设置某些障碍来代替野外山丘,这显然是变通之法。图中的皇帝亲自持棒参加活动,这表明捶丸运动在当时是一项高雅的娱乐。

捶丸运动经过了宋辽金元以至明代的发展繁荣后,于清代趋向衰落。后来在苏格兰出现的现代高尔夫球,其形制、运动规则与我国的古代捶丸有着惊人的相似,显然具有源与流的关系,而且捶丸的历史记述比高尔夫球的最初出现还要早三四百年。因此我们有理由认为,高尔夫球这项吸引了成千上万爱好者的现代西方体育活动的源头,有可能就是在古代中国文明大地上盛行了千余年的捶丸。

三 "羿射九日落，江海凝清光"

——传统的武艺活动

武术，是我国独具特色的一项运动。它深深地扎根在中华这块古老的土地上，并在传统文化乳汁的培育下，逐渐形成了一个丰富多彩、极富哲理的运动体系。传统武术是由古代武艺发展而来，因而它是伴随着人类的狩猎、生产和战斗活动而逐渐形成的。在发展过程中，它将本身的攻防格斗、健身娱乐和身体运动等与传统哲学思想结合得自然、完美，与古代希腊、罗马的竞技运动一样，同成为世界体育史上的奇迹。

由武艺发展而来的、作为东方人体文化的中华传统武术，内容极其丰富。它不但形成了各种各样的流派、系统的武术套路，而且具有独特的击技实用价值、全面增强体质的健身作用和表演的艺术美。传统武术形成的历史、传统武术体系的构成以及传统武术完整的文化内涵，在古代武艺的丰富内容中得到了充分的体现。这就是形成古代武艺主要内容的射箭、拳搏和武艺器械。

射箭

"背手抽金镞,翻身控角弓。万人齐指处,一雁落寒空。"这是唐代诗人张祜笔下驰马射箭的场面,何等豪迈,何等潇洒。

射箭,历史悠久,源远流长。它既是远古祖先赖以谋生的手段,又与军事活动紧密联系,还是世界上最古老的运动项目之一。据有关的考古资料,在距今28000多年的山西峙峪人文化遗址中发现了磨制的石箭头,表明当时已经使用弓箭了。

弓箭的出现,使最初的人类掌握了一种异常先进的工具。所以,在上古人类的心目中,弓箭自然成了战胜天灾的一种威力无比的法宝,而最初的优秀射手也被当做神来崇拜。古代神话中的后羿,就是一位善射的英雄,传说他用弓箭射落了九个给人类带来灾难的太阳,为百姓创造了幸福。后羿,堪称远古时代第一个优秀射手。从此,射箭作为一项武艺活动,在历史上开始了其漫长的发展历程。

商周时代,青铜箭镞的大量使用,进一步提高了当时的射箭水平。出土的甲骨卜辞表明,商代已设立了专管射事的官或统率弓箭手的武官——射。周代,射箭活动在社会生活中的地位进一步增强,被称为"男子之事",《周礼》中记载的六艺"礼、乐、射、御、书、数",即将射箭列入其中。当时规定,男子15岁就要开始习射,成年后要按不同等级,在不同的场所继续练习射箭，而后参加每年举行的不同等级的射箭比赛。比赛时要进行饮酒、奏乐等一系列繁杂的礼仪，被称为射礼。这可以说是世界历史上较早的射箭比赛了。

春秋战国时期，射箭得到了更大的发展。当时思想文化领域里的诸子百家，也对射箭表现了极大的关注和热情。据《礼记·射义》所载，孔子在"瞿相之圃"射箭时，观看的人围得像墙似的，这也许是孔子对弟子进行"射以观德"的教育；荀子、墨子等也都是射箭好手，并将射箭作为对学生进行教育的主要内容之一。当时，由于战事频繁，射箭的普及范围更为扩大。魏国的著名改革家李悝，曾下过一道"习射令"，规定人们发生纠纷后打官司时，先进行射箭比赛，谁射得准，官司就断谁赢。这虽有些荒唐，但李悝的目的在于鼓励人们学习射箭的本领，反映了当时对射箭的重视。这一时期，在赵国还出现了赵武灵王进行改革，实行"胡服骑射"的事情。赵武灵王通过改革，引进胡服，鼓励骑射，使国力大盛，成为历史上尚武强兵的典范。

随着射箭运动的普遍开展，出现了不少身怀绝技的射手。《战国策·西周策》说："楚有养由基者，善射，去柳叶者百步而射之，百发百中。左右皆曰善。"这也就是后来"百发百中"成语的由来。当时的射箭技术，随着射箭的普及已达到相当高的程度，总结出不少射箭理论，如"手若附枝，掌若握卵"，"左手如拒石，右手如附枝，右手放发而左手不知"等，这些均是对当时射箭理论的精练概括。

秦汉三国时代，射箭在卫国强兵的军事活动中仍然具有不可忽视的地位。当时军中涌现了许多善射的能手，最著名的是长于骑射的飞将军李广。据《汉书·李广传》载，一次李广外出打猎，见草丛中卧着一只猛虎，他一箭射去，火星四溅，近前一看，原来是块大石头，而箭头则已深深地射进了石头之中。可见他射箭之神力了。其后如"左右驰射"的董卓，"营门射戟"的吕布，都是精于射箭的军将。这时，有关射箭的著述已大量付梓，仅《汉书·艺文志》中就汇载有《逢门射法》等8种69篇，说明不同特点的各家射法已经形成。

民族大融合时代的两晋南北朝，射箭的竞技和娱乐色彩渐浓，并产生了正式的射箭竞赛活动。《北史·魏宗室常山王遵传》曾记道：孝武帝在洛阳的华林园曾举行过一次射箭比赛，当时是将一个能容两升的银酒杯悬于百步以外，19个人进行竞射，射中者即得此杯。结果，濮阳王顺喜获此奖杯。这当是我国历史上最初的奖杯赛。

"武举制"是唐代武则天首设的一项选拔与培养军事武艺人才的制度。在其中的9项测试科目中，仅射箭就占了5项，即长垛、马射、步射、平射和筒射。反映出射箭这项军事体育活动在唐代的作用愈来愈突出。当时，妇女射箭活动也十分盛行，杜甫《哀江头》一诗中"翻身向天仰射云，一笑正坠双飞翼"正是对妇女们射箭技艺的形象描绘。由于射箭所具有的竞赛性与娱乐性，因而又常常成为文人们的一项文娱活动。唐代浪漫大诗人李白、诗圣杜甫，均是射箭能手。李白曾自诩为"一射两虎穿""转背落双鸢"，而杜甫在打猎中则"射飞曾纵鞚，引臂落鹙鸧（音 qiūcāng）"。

宋代的射箭活动，在民间十分普及（见图8）。如以练武习射为主的"弓箭社"，在当时的河北一带就有近600个，弓箭手3万多人。据《梦粱录》所记，南宋时的临安（今浙江杭州）民间射箭组织"射弓踏弩社"及"射水弩社"，对入社者的要求是"武艺精熟，射放娴习"，这可能就是当时民间射箭的专业运动员组织。与此相适应，政府为推广射箭活动，于元丰二年（1079年）颁布了"教法格并图像"，对步射执弓、发矢，马射等射术，均有文字说明和图解，与近代的"操典"极其类似。

图8　宋　骑射壁画摹本

山西繁峙县岩上寺壁画。

这一时期，从维护本阶级的利益出发，统治者从礼制的角度对射及由此发展而来的其他活动进行了规定。如投壶，就是由最初的射礼发展起来的，这种活动主要是贵族阶层用于饮宴中的游戏，以箭投壶，中者为胜。司马光从礼仪的角度对投壶的作用和意义进行了格定，这就是《投壶新格》。其中反映了射的多样化演变和礼制形态向体育娱乐活动的渗入（见图9）。

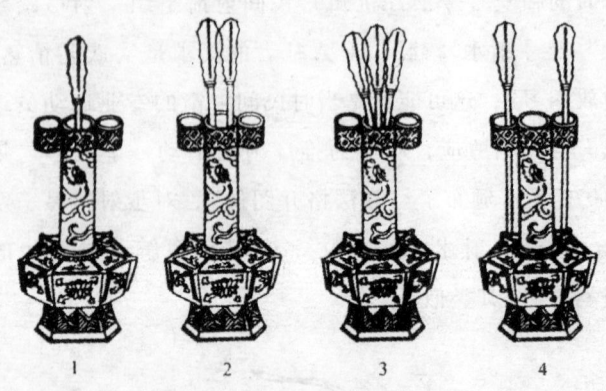

图9 宋 投壶图

1. 有初 2. 连中 3. 散箭 4. 连中贯耳
见《投壶新格》。

辽、金、元统治下的北方少数民族，骑马射箭是他们生存的基本技能，如契丹族的射木兔、女真族的射柳、蒙古族的射狗草等习俗。这些射箭比赛都要求有很高的技巧，反映了北方少数民族对射箭的重视。

满族自谓以"骑射立国"，所以清代的射箭活动也十分盛行。康熙六十一年（1722年），将"木兰秋围"定为恒制，把承德作为专门射猎场所。这更促进了习射风气的盛行。当时流行的娱乐射法有"射月子"、"射鹄子"、"射捆"等，并都有较高的技巧要求。这表明此类射箭活动已逐渐脱离军事而具有明显的娱乐性，属于体育活动的范畴了。

清末，现代火器逐渐普及，射箭的军事意义逐渐消失，演变为纯粹的体育项目。我国现代的射箭运动，是继承古代传统、吸收近代世界射箭技术而发展起来的。

拳搏

拳搏，是中国古代武艺活动中的一项重要内容，主要包括古代的拳术、角力及其他较力形式。拳搏起源甚早，据《述异记》所记的传说，在5000多年前的氏族部落时代，黄帝部落与蚩尤部落在涿鹿（今河北涿鹿县东南）进行了一次大战，蚩尤部落的人都在头上戴上了假角，"以角抵人"，锐不可当。后来这一带的老百姓中逐渐流传开了一种头戴牛角，三三两两用头互相抵斗的游戏，即"蚩尤戏"。这可以说是中国武艺拳搏中最古老的格斗形式之一，后来兴起的一些对抗性的体育活动，如拳术、摔跤及其他较力形式，都与角抵有直接的关系。

商代，拳搏中的一些形式已很流行。殷墟卜辞甲骨文中就出现了诸多象形字，如"斗"字，甲骨文中的"鬥"字像两手相搏；《史记》中描写殷纣王"材力过人，手格猛兽"，能徒手与猛兽搏斗，是需要力气和拳搏技巧的。西周时期，人们将徒手搏斗称为"角力",是一项很重要的军事训练内容。每年冬天,周天子都要命其将帅们练习射箭和角力,并亲自检查训练效果。春秋战国时代,拳搏这类徒手武艺得到较广泛的流行。《诗经》中把"拳"与"勇"联系在一起,说明有拳有勇应是周代男子必备条件。后世武术中的拳术在这时已开始出现。在著名的《庄子》一书中,有一段关于斗拳的记述,指出斗拳开始时不过是嬉戏,后来为了取胜,生出许多机巧变化,以克敌制胜。从这里可以推知,战国时期的武艺拳搏活动,除了徒手的角力,拳击技术也已具有一定复杂性了。

1955年在陕西长安客省庄出土的一件战国时期的透雕角力铜牌,使人们看到了当时民间摔跤的生动情景。铜牌图像为二人赤裸上身,各自一手扣住对方的腰,一手扳对方的腿,纠缠在一起,相持不下,难解难分。在他们的身后,各有一匹马,似乎在静静地等待着这场比赛的结果(见图10)。这当为北方民间流行的角力情景,反映出摔跤已是民间较为普及的经常

图10 战国 角抵纹透雕铜饰摹本

陕西长安客省庄出土。

性体育项目。

秦始皇统一中国后,将角力改称角抵,叫做"角抵戏",成为一种专门供宫廷欣赏的表演,但其格斗特征尚未丧失。1975年出土于湖北江陵凤凰山秦墓中木篦上的漆画《摔跤图》,就形象地再现了当时的角抵情形。

进入汉代,由于国力强盛,统治阶级对文化娱乐活动更为需要。于是,角抵、拳术等一系列拳搏武艺活动,与同时盛行的歌舞、杂技、魔术等诸类娱乐形式,共同发展成了一种大型的综合性表演——百戏。在百戏中,角抵、拳术常常是最受人喜爱的必不可少的节目。特别是角抵,在这时已演变出略具戏剧性的竞技表演。当时有一出叫《东海黄公》的戏,表现的是人与虎斗的情形,这只虎由人戴假虎头装扮而成,它吃了黄公的父亲,于是就在黄公和老虎之间展开了一场殊死的搏斗,最后老虎被杀掉。这种用角抵表演故事的戏剧,开了后世武打戏的先河。东汉张衡在其《西京赋》中曾这样描写角抵的表演,"临迥望之广场,程角抵之妙戏"。角抵的表演达到了何等的引人入胜。

这一时期,出现了一种称为"手搏"的竞技形式。《汉书·艺文志》载有《手搏》六篇,归类于兵技,强调"手搏"是以体现攻防格斗技巧为其运动特征的。它是当时军队选练与百戏表演中的重要内容。这种以巧斗力的身体练习形式,可以说是汉代拳术的重要特征,标志着中国拳术在这时已初具系统化。

从魏晋到隋唐,角抵一直没有消歇,史不绝载,并出现了相攒、相扑、争交等名称。南朝梁宗懔的《荆楚岁时记》说，当时的南方荆楚地区，人们在五月的黄金季节，结伴相扑，习以为常，成为一时风尚。在宫廷卫队中，还出现了"角抵队"，专门练习和表演角抵。唐代，这种建制更加正规化，改称"相扑棚"。它集中了全国的相扑高手，如蒙万赢就是一位专业相扑名家。他15岁便被选入相扑棚，历经僖宗、昭宗二朝，不知赢了多少场比赛，累累供奉，受赐丰厚，因而享有"万赢"的美称。从这里可以看出当时相扑活动的盛行。在敦煌藏经洞，曾发现一幅唐代幡画白描相扑图，图中描绘双方扭抱，屈膝下蹲，降低重心，肌腱凸张，拼死相搏，为我们留下了当时相扑活动的形象资料（见图11）。

北魏太和十九年（495年），孝文帝元宏为天竺禅

图11 唐 相扑图白描

甘肃敦煌莫高窟藏经洞出土。

僧跋陀在嵩山五乳峰之麓创建了少林寺。据《太平广记》转载唐人编的《纪闻》和《朝野佥载》两部书所著，跋陀剃度的小和尚，多数是爱好体育活动的。其中一位叫稠禅师的和尚，"初落发为沙弥时，辈甚众，每休暇常角力，腾踔（音 chuō）为戏，而禅师以劣弱见凌，给侮殴击者相继。"后来稠禅师练得"筋骨强劲，拳捷骁武"，和尚们不但不敢再欺侮他，反而向他习武。稠禅师的拳法惊人，可能就是他苦练的结果。这说明，包括少林拳法在内的中国拳术，在这时已开始昭名于世。尤其是隋末少林武僧助唐王李世民击败王世充后，名声大振，天下的英武豪杰、武林高手，从五湖四海慕名而来，以武会友，交流武艺，使少林武艺汇集了四面八方的武技精粹，而其中的拳术亦由此更为发扬光大。

宋元承袭唐五代遗风，拳搏活动愈来愈盛。在宋代的城市瓦肆中，小儿相扑和成人角抵节目非常盛行。南宋的临安城（今浙江杭州）还出现了"角抵社"、"相扑社"等职业性角抵组织。同时，还出现了专为宫廷进行表演的职业相扑手——"内等子"。这些职业相扑手，按照各自技艺水平的高低，领取不同薪饷。关于这时相扑的具体形式，著名小说《水浒传》已经给我们做了许多生动的描述。山西晋城南社宋墓发现的《相扑图》，更加形象地描绘出了当时相扑的情景（见图12）。

这一时期，还出现了被称为"女飐"的女子相扑。这些女相扑手多在城市的娱乐场所瓦肆中表演。在宋代周密《武林旧事》卷六"诸色伎艺人"条中，列出

图 12 宋 相扑图壁画摹本

山西晋城南社宋墓出土。

的南宋临安城有名的女摔跤手就有赛貌多、饶六娘、锦勒帛、女急快等等,可以说,中国妇女自古以来就有着英武豪迈的一面。

由于相扑活动在宋代的迅速普及,引起了一些文人的兴趣,于是一部回顾宋代以前相扑发展演变历史的著作在这时出现了,这就是署名调露子的《角力记》。可以说,它是中国最早的体育史著作之一。

相扑本是蒙古族的传统,故元朝的蒙古族统治者颇重相扑。在每年三月二十八日的东岳庙会上,相扑比赛是必有项目。元代以前,角力、相扑主要的发展趋势是朝着表演化的方向发展,元代伊始,蒙古族将其与射箭、骑马视为"男子三项竞技",是每一个男子汉必须掌握的技能。这样一来,相扑的练武、健身作用日益重要,因而也更为人们所接受,并对后世中原地区及少数民族地区摔跤活动的开展产生了深远的影响。

与相扑普及发展同时,这一时期的拳术亦更为流行,而且与相扑等徒手相搏活动形式一样,各自沿着自己的方向系统地发展演化着。《都城纪胜》一书载,

"别有使拳，自成一家，与相扑曲折相反"，说明拳术已有自己固定的套路了。明代戚继光在其《纪效新书·拳经捷要篇》中说："古今拳家，宋太祖有三十二式长拳。"这类拳法虽然未必是宋太祖亲创，不过其中的某些招式当受到宋代所出现的"使拳"技术的影响，有着一定的渊源传承关系。至今广泛流传于湖北东部一带，讲究吞吐浮沉，首重桩功的"岳家拳"，据考就是岳飞当年训练军队所创。

进入明代，武艺有了巨大发展。表现在拳搏方面，主要的就是相扑相搏类和拳术类各有了自己一套系统完整的体系。由相扑发展而来的摔跤，在明代除了作为朝廷宴会中的一个表演项目外，民间也有专业艺人的表演。明末清初，陈元赟因抗清失败东渡日本，收徒授艺，传授拳搏技艺，以后经日本人辗转相传并发展为全球著名的"柔道"。清代，由于摔跤原为满族的民间传统武艺项目，因而更为兴盛。摔跤在满语中称为"布库"，亦名"撩脚"。清统治者于八旗精兵中选出善角力的壮士，组成"善扑营"，于庆典之日登场表演。一般说来，清代盛行的摔跤，主要有两种不同的形式。一种是民间的"摆架子"，只要将对手摔倒在地即可获胜。摔跤时要穿一种白布制成的"裲裆"摔跤衣。这种摔法主要靠脚下的功夫，使用各种绊法使对手身体失去平衡。另一种为厄鲁特式摔跤，这种摔法不穿摔跤衣，上身赤裸，虽倒地亦不为输，必须至两肩着地才定输赢。这有点类似现行国际式摔跤，一定要肩着地才分胜负。

拳术，被当时的一些军事家如戚继光等视为武艺的基础。《纪效新书》中有《拳经》篇，对明代流行的拳种作了概述，如宋太祖三十二式拳法、六步拳、猴拳、温家拳等等，反映出当时已有各类拳法系统地出现了，并形成了各自的流派和风格（见图13）。明

图13　戚继光"三十二式拳法"（部分）

见《武备志》。

代拳术在广泛流传的基础上已把拳术分为内、外两家。外家以少林武术为代表，其特点在"主于搏人"。内家传说起于张三丰，以王宗、张松溪等最著名，其特点在于"以静制动"，"主于御敌"。至清代，在原来流行的一系列拳术的基础上，又出现了一些新的拳系。当时所盛行的较大拳系有几十个，一般的套路有几百种之多。清代各家拳派不仅门派化，而且理论化、套路化。这时的拳种，总的特点是以拳为主体部分，包括了踢、打、跌、拿等各种技法，并且与导引养生相结合，既能防身，又强身健体，内容日趋丰富多彩。随着拳种的增加和拳术的普及，有关的著述也大量出现。除了程宗猷的《耕余剩技》、俞大猷的《剑经》、吴殳的《手臂录》、黄百家的《内家拳法》之外，还有许多未经刊刻的私人抄本以及口传身授的拳术歌诀。这一时期，无论从普及程度，还是从内容的充实和完善来说，都是我国武艺拳术发展的重要时期。

拳搏，是我国古代武艺的一个重要的组成部分。无论角力、相扑、摔跤，还是拳术，在整个历史的发展中是互相借鉴，共同发展的。它们具有共同的渊源，共同的发展方向。可以说没有角力、相扑、摔跤等一类相搏术的发展、影响，也就没有拳术如此系统的发展；而没有拳术的普及，则又无角力、相扑以至后来摔跤的充实和完善。二者是相辅相成，共同发展的。只是后来，随着武艺的发展，拳术与其他相搏术根据本身的特点，逐渐出现了各自的体系，形成了各自的特色和发展方向。及至明清,由角力而来的摔跤已成为独立的竞技项目,并演化出了多种形式;而拳术,则与其他武艺器械相适应,以手法、步法为基础,发展出一套庞大完整的系统,为清代中华武术体系的最终形成奠定了基础。

 ## 武艺器械

兵器是古代军事中必备之器,同时也是整个古代武艺活动中的主要器械。人类社会有了战争就有了兵器,有了武艺也就有了作为其主要活动形式的器械技击。而掌握和使用器械的技巧,就成为武艺活动当中的一项重要内容。

原始时期人们使用的许多木石器具,既是生产工具,也是战斗武器,在铜器、铁器产生以后,兵器的种类才逐渐增加。仅在殷商时期出现的兵器就有刀、戈、戚、镞、矛、匕首、钺、弓形器、戟及胄等。特别是西周时期青铜剑的出现,标志着中国古代军事武艺进入了一个新的阶段。延至春秋,我国金属兵器发展到了鼎盛时期,在兵器的形制、数量、质量等方面都有提高和改进。尤其是早期冶铁技术的发明,使金属兵器制造范围更加扩大了。战国时期,基本上是沿用春秋以来所盛行的各类兵器,除了个别的发展之外,主要是夏、商以来各类兵器的定型时期。可以说,商周时期的各类金属兵器,无论其种类,还是其形制,均奠定了我国兵械发展的基础。其后的各类武艺器械,

多是在它们的基础上得以演进和提高的。

　　秦汉时期，由于战争中适应近战决胜负的需要，兵械训练产生了令人瞩目的变化。与此相适应，武艺的发展亦进入了一个新的时期。1975年，在成都曾家包山出土的《庄园手工作坊》画像石上，画有竖立在场院中央的一座兵器架，架上放有矛、戟、三头叉、环手刀、弓矢与甲铠等兵械装备。这些都是以格杀技术为主要目的的器械，因而，其练习或训练主要是采取单人练习或单人与单人对抗练习的武艺形式。它的训练方式与军队训练中的"走阵"已有不少的差别。

　　随着器械的多样化，武艺中的器械技击更为普遍。当时，出现了"剑舞"、"刀舞"、"双戟舞"、"钺舞"等兵械练习。这些练习，从总体上说来，多是以个人为单位进行的单人训练。《史记·项羽本纪》中曾记载了这样一件事，在鸿门宴会上，范增要杀死刘邦，唆使项庄离座舞剑。"庄曰：'军中无以为乐，请以剑舞。'"项伯为了救刘邦，"亦拔剑起舞，常以身翼蔽沛公。"这表明，这种剑舞既能作单人舞，亦能作双人舞，进退击刺必有一定之规，才能互相配合协调，达到赏心娱目的目的。这说明对抗性的练习形式在这一时期已颇为盛行。1970年河南郑州出土的西汉空心画像砖上，有一幅描绘双人对练的《击刺图》，展现了对抗练习的一个侧面，画面中左一人双手执长兵戟跨步前刺，右一人左手以钩镶抵挡，另一手举剑刺向对方（见图14）。这种种武艺器械技击形式，反映出当时已初步形成了不同的技击风格特点。这时,除了单人的器械舞练习外,双人执械的对练已包括了诸如棍对棍,剑对钩镶,戟对刀、盾,钺对剑,戟对戟等多种形式。同时,一人徒手、一人持械的对练,如徒手对矛、徒手对戟等等,亦是极为盛行的。

图14 汉 技击图画像石拓本

河南郑州出土。

从器械技击的多种形式以及器械的多样化等诸方面来说,在整体上,后世武术器械中的短器械、长器械,以及进攻性器械、防护性器械,在这时都已初具规模。有的虽然不完全同于后来的武术器械,但从中国古代武艺的发展历程来看,许多武术器械多是从这时武艺中的某些同类器械中演化发展而来。

汉末以后,以器械进行技击格斗成为当时武艺中的主要形式之一,并且出现了一定的师承关系,产生了一些专门的技击术语。曹丕在其《典论·自叙》中曾讲述了一件他与奋威将军邓展比剑的事:有一次,曹丕与邓展共饮，酒酣之际，两人比剑，以蔗为杖。第一回合，曹丕三中邓臂，邓展不服，再次比赛，曹丕佯败，诱展入身，结果邓展中计，被击中了面额。从这里可以看出这时的击剑作为一种竞技项目，在技术上已有了很大发展，并且与其他器械技击一样，走上了一条以技击为手段的娱身与娱心相结合的发展道路。

中国古代的武艺器械，至东汉时期已过渡到以铁器为主。自两晋迄隋唐五代，由于古代武艺的发展和进一步系统化，与其相应的铁制器械中的长、短兵器的使用技术也得到了进一步的发展。大刀、长矛、槊、戈、戟、斧、钺、钩及剑等皆是当时武艺的重要器械。东汉末年适于劈砍的环柄刀盛行，除了在军队中大量装备这种兵器外，在民间的武艺活动中它亦成为了一种重要器械。《晋书·赫连勃勃传》曾记当时所造的百炼钢刀为"龙雀大环，号曰'大夏龙雀'"。北齐的綦毋怀文，发展了以前的灌钢法，造出了著名的宿铁刀。精致的钢刀，增强了实用性，成为当时武艺中不可缺少的一种重要器械。长矛，称为"丈八蛇矛"；槊，亦是矛的一种，但较长矛长且重，是一重型兵器。在当时的武艺活动中，上述长兵器的使用主要重视的是扫、拨技术，同时，枪法中的拦、拿、扎等动作也熟练地运用了。《晋书·刘曜传》记载的陇上歌这样唱道："陇上壮士有陈安……七尺大刀奋如湍，丈八蛇矛左右盘，十荡十决无当前。"武士陈安对大刀、长矛等的使用技艺，已达到了非常熟练的程度。

从商周时期开始出现的戈、戟这时已逐渐减少，但在少数民族的习武活动中仍被使用。在甘肃省酒泉下河清五坝河发现的晋代墓葬《习武图》壁画中，画有两个武士，二人皆高鼻蓬发，着交领短衣，束腰，下为裹腿，一人作半蹲式，手持戟，一人在引弓射箭（见图15）。反映了当时戟这种器械的使用情况。

图15 晋 习武图壁画摹本

甘肃酒泉下河清魏晋墓出土。

斧、钺是一类短器械。晋以后斧、钺的刃部较以前加宽，柄减短，提高了砍杀能力。尤其是短柄的斧，在当时的武艺活动中多是以双器械的形式出现，因其形似板，故也称"双板斧"，舞起来要求粗犷、豪壮。说明其使用技术更为重要，更能表现习武人的性格、特点。

钩，是由戈演变而来的。其形状似戟，只是戟上边为利刃，而钩上边为一浅沟形。"狼牙棒"，一般柄长约六尺，柄端有长圆形锤，上面密排铁钉六至八行，柄下有三菱形铁钴。这些器械出现的历史虽然较晚，但在两晋南北朝时还是较为流行的。在习武实践中，人们根据兵械的使用技术总结出了一些有益的经验，有的并加以归纳整理。如梁简文帝萧纲整理编制成的《马槊谱》，就是为训练武艺而编成的教材。这表明兵械的使用技艺已开始出现了程式化的趋势。

这一时期，由于刀的大量出现，剑在战场上的军事作用逐渐被刀所替代。但在民间武艺活动中，剑的作用却日渐增大，并出现了不少善制佳剑的能手。如南朝时，有一位叫谢平的造剑手，所制的"神剑"号称"中国绝手"，相传能削断悬挂在头发丝上的十五根穗芒而丝不绝，可见谢平剑术的高明，也表明了"神剑"的锋利无比。尤其是在剑术套路发展以后，为了适应套路的演练，唐代的剑形有了一定的变更，后来所流行的剑之形制就是在这时定型的。

器械的进步和种类的增加，为器械套路的进一步丰富创造了条件。在众多的套路技艺中，剑术套路可以说是武艺中颇有代表性的项目。《太平御览》卷五中"公孙大娘善舞剑"的记载，反映了当时的剑术套路已发展到了新的阶段。后来唐代大诗人杜甫在观看了公孙大娘的徒弟李十二娘舞剑的表演后，抚今追昔，遂写下了《观公孙大娘弟子舞剑器行》这一著名诗篇，成为研究唐代武艺套路技术的重要史料。以剑为代表的武艺器械，自魏晋隋唐以后，包括刀、枪、棍等的套路技术在程式化和竞技化方面开始进入一个新的阶段。

宋元时期，统治者对讲武的倡导、民间艺人练武活动的兴盛以及套路技术的新发展，促进了武艺向多样化发展。同时，与此相关的武术器械在原有的基础上也更为丰富，这一时期，已有"十八般武艺"之说。实际上，就武术器械而言，远不止这些内容，十八般不过是一种归类的泛指而已。在当时的大型兵书《武经总要》中就记载了当时流行的各种兵器百余种，并皆绘图形加文字说明。从此书可以看到从唐末五代传袭沿用而来的各种长短兵器、远射兵器及防御武器等（见图16），其种类之繁杂，前世未有。它对后世庞杂的民间武术器械的形成，有相当之影响。

随着武艺活动的进一步普及，武术理论得到了进

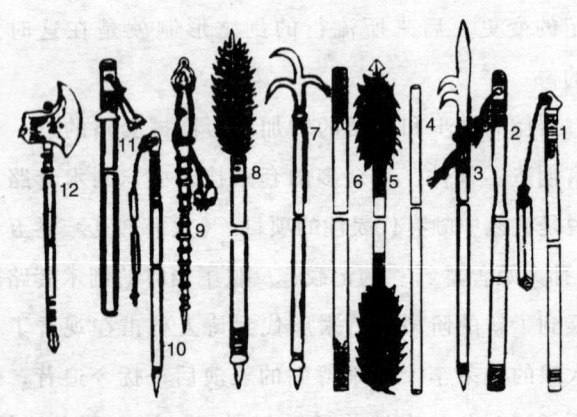

图16 宋代各种杂兵器（部分）

1. 铁链夹棒 2. 柯藜棒 3. 钩棒 4. 杆棒 5. 杵棒
6. 白棒 7. 抓子棒 8. 狼牙棒 9. 铁鞭 10. 连珠双铁鞭
11. 铁简 12. 大斧
   见《武经总要》。

一步发展。同时,由过去传承下来的各种武艺得到了更加系统的精炼和荟萃。而"十八般"则已开始有了具体的实际内容,这就使以前诸种武艺逐渐形成了体系。

自元明间施耐庵的《水浒传》将"矛锤弓弩铳、鞭简剑链挝、斧钺并戈戟、牌棒与枪扒"明确为"十八般武艺"后,明代戚晋叔辑《元曲选·逞风流王焕百花亭》、谢肇淛《五杂俎》、朱国桢《涌幢小品》等均对"十八般武艺"有归类记述。综合历代"十八般武艺"的内容,至明清时期,武艺器械大抵包括如下种类:

抛射器械——弓箭、弩、铳。

长兵器械——枪、矛、戈、棍、殳、杆、杖、棒、斧、杵、钺、戟、大刀、铙、扒、挝、铲。

短兵器械——剑、短刀、鞭、锏、钩、镰、锤、拐、圈。

软兵器械——链、流星、套绳。

从宋元以迄明清,逐渐完善的武艺器械,已形成了后来武术器械的完整体系。不但在类型上,而且在技法上都形成了不同的流派和风格。如武术中的刀,流行着长柄刀和短柄长刀两种。其中的长柄刀就有绿营缭风刀、绿营虎牙刀、藤牌营挑刀、绿营片刀和绿营宽刃大刀;短柄长刀则有朴刀、腰刀、顺刀、长刀、船尾刀、各种佩刀和窝刀等等。从刀术上看,则有单刀、双刀、大刀等。再如枪,其种类即有长枪、钩枪、线枪、钩镰枪、十字镰枪、蛇镰枪、钉枪、火焰枪、雁翎枪、虎牙枪、三眼枪等，而且出现了石家枪、马家枪、沙家枪、峨眉枪等不同的枪法技艺。

中国的武术器械，是由武艺演化发展而来的。随着整个武术体系的完善，不论长期流传下来的器械，还是新出现的器械，至清代，从形式到功能皆更为全面。像剑、棍、鞭、锏、锤、钩、铲、镰、匕首、狼牙棒、圈、盾、弓箭、弩、镖等，均在原来的基础上日臻完善。同时，形成了许多器械套路技术和招法，如棍进三节棍、空手夺三节棍、双拐进三节棍、双刀进枪、单枪进戟、三头叉对镋、狼牙棒进斧等。可以说，现代武术器械的主要基础即产生于此。

四 "逾高绝远,轻足善走"

——古代田径运动

田径,是由人类三种最基本的身体活动方式跑、跳和投所组成的。早在原始社会中,人们为了生存,为了与大自然搏斗,自然离不开跑、跳、投这些最基本的生活能力。在这里,人们在很大程度上不得不完全依靠自己血肉之躯的敏捷与力量。无论在与野兽的拼搏中,还是在厮杀的战争中,人往往会显示出一些奇才异能。而这些具有跑得快、跳得远、投得准的奇异才能的人,自然就成为人们敬慕和幻想的对象。

在我国的古代史籍上,没有"跑"、"跳"、"投"之类的表述田径运动的文字。但是"走"、"趋"、"奔"这类跑的同义词,"踊"、"逾高"、"超远"、"超距"这类跳的同义词及"掷"这类投的同义词却早就出现在史籍中。作为人类体育运动基础的田径运动项目,实际上从远古时代就开始在人类社会中以种种相类似的体育手段发挥着重要的作用,并且在中华民族体育发展史上留下了诸如"逾高绝远,轻足善走"、"投石超距"等等许多动人的故事。

1 跑

在我国古代神话典籍《山海经》中，记载着一个关于长跑的美丽传说：在北方大荒之中的一座高山上住着一位名叫夸父的巨人。他看到驾着万丈光芒金车的太阳，每天从东山上隆隆驰出，瞬间跨过了千山万水，消失在西方的云霞中，于是下决心要与太阳赛跑。他迈开双腿，大踏步地向太阳追去。高山、河流、险阻，都在夸夫的脚下飞快地向后飞去。眼看火红的太阳就在前边，胜利已经在望。但这时的夸父，由于长时间地与炎炎烈日角逐，已被烤炙得口渴难耐。他低下头来，痛饮江河之水。岂料，他一口气喝干了黄河与渭水，仍然解不了渴，只好去北方的大泽喝水。但由于过度的干渴，这位巨人轰然一声倒下了。他的手杖化作一片桃林，以累累的果实给赶路的人纳凉解渴。"夸父逐日"的神话，虽然是人类征服自然的一种幻想，但人类长跑能力在征服自然过程中的作用，却给人类的想象提供了基础。

由于跑在古代生活中的重要作用，早在几千年前就出现过许多超乎寻常的长跑能手。在传世的西周时代的《令鼎》铭文中，留下了这样一段记载：一次，周成王率领他的臣下和奴隶去淇田场春种，在农事完毕返回王宫的路上，成王命手下的侍从在疾驰的马车后奔跑跟随。结果侍从自始至终紧跟在奔驰的马车后面，直到王宫，他因此得到了 10 户奴隶的赏赐。

四 "逾高绝远，轻足善走"

春秋战国时期，由于战争中车战改成大兵团的步兵作战，步兵的移动主要靠走跑来完成，因而长跑训练就成为军事训练的重要内容。处于东南地区的吴国，本来是一个力量薄弱的小国，后来著名的军事家孙武被聘为吴王阖闾的军师，他常向吴王建议，加强对士兵长跑能力的训练。阖闾采纳了孙武的建议，要求士兵全副戎装，操弓挟矢，持戈盾，负干粮，一日强行军三百里，以提高兵士的耐力。这种长跑训练，在吴楚之战中充分显示了它的威力。当时，吴国选拔了3000名长跑能力最好的战士，组成先锋队，日夜兼程向楚国首都——郢（今湖北江陵境内）进发。由于运动速度快，乘楚军不备，吴军"五战五胜"，很快占领了楚国的首都。

战国时的军制是征兵制。为了提高军队的作战素质，各诸侯国均十分重视士卒的长跑训练。吴起是战国时的军事家，他在魏国带兵时，身体力行，带领士兵进行长跑训练。招募兵士时，亦以武装长跑作为选拔标准。被征选的人，穿上胸、腹、腿三块甲，头戴面胄，手提兵戈，背上背着弓矢，腰悬短剑，带上三天的干粮，"日中而趋百里"。合格的人，被录为常备兵，并免除其本户的徭役和田宅的租税。如此奖励措施，当然会吸引农民争相入伍，这样一来，长跑练习得以广泛开展。

当时的兵书《六韬》之中，还记载了能够跑步追逐飞奔的战车的"武车之士"的情况。这些"武车之士"不但善跑，而且在追逐飞奔的战车之后能够跳跃登车。到了汉代，这类武士更为多见。在考古发现的汉代画像石、画像砖及墓葬壁画的车骑出行图中，我们常常见到一类出现于车骑行列中的"伍伯"图像，这些"伍伯"的形象多在奔驰的马前作奔跑之状。四川德阳曾出土一块《伍伯》图画像砖，图上四人，头上着帻，身穿短衣，手荷长矛，均作飞奔状。右方二人手持管于口边吹奏，左方二人各执棨戟，左手各执一物（见图17）。这些被称为"伍伯"的长跑健儿，并不仅仅是只随王侯而行，在关键性的战役中或传递信息时，他们也是要发挥"马拉松"作用的。这些长跑好手，训练有素，技艺非凡，可以说是当时盛行长跑活动的具体体现。

图17　汉　伍伯图画像砖拓本

四川德阳出土。

秦汉以后，军事战争以步骑的混合兵种作战为主。长途追击由骑兵担任，步兵则主要是短距离的突击，所以在跑的训练上就偏重于短跑训练了。出现于唐代的兵书《太白阴经》就主张"探报计期,使疾足之士"。据《北史·杨大眼传》记载,北魏孝文帝要南侵,命人"典选征官"。杨大眼前去应征,征兵主帅不知他的能力,不想收录。杨大眼便请求测试短跑,他用三丈长绳系在自己的头上,跑起来之后,"绳直如矢,马驰不及"。主帅大惊,立即任命他为先锋官。后来杨大眼战功显赫,被封为辅国将军。

隋代,有一位名叫麦铁杖的人。他以渔猎为生,能"日行五百里"。据《隋书》所记,他后来在杨素的军中充任一名小校,专事刺探敌情。有一次,杨素从前线策马回京,麦铁杖作为随员跨步紧随,从未被拉下过,使杨素赞叹不已。

大量的疾跑人才不仅出现在军事训练中,古代的邮递也练就出无数个"善跑"能手。宋代,由于城市之间商业贸易及文化往来有了巨大的发展,经济、政治、军事上的信息传递也愈加频繁。据《梦溪笔谈·官政》记载,宋朝驿站传递有步递、马递和急脚递三种,其中急脚递日行四百里。金代,急脚递是一种长途负重接力跑,每十里至十五里为一站,传递者都是硕健之人,带文书、防身武器和雨具,而且腰悬响铃。这些担任急脚递的传递者,都是来自军中的善跑能手,可以说是最早的职业长跑家了。他们所采用的长跑接力方法,既避免了人们疲劳过度,又保证了传递的迅捷,对后世我国一些群众性的体育活动产生了深刻的影响。

在现代奥运会上,"马拉松"是引人注目的田径项目之一。这个项目以其特长的赛跑距离和它起源于公元前490年雅典人长距离奔跑报告抗敌胜利消息的著名史实，引起人们的兴趣。然而，在元代，曾出现过奔跑距离比西方"马拉松"要长一倍的中国古代马拉松——"贵由赤"长跑赛。

"贵由赤"是蒙古语，意为快行者，是元代禁卫军开创的每年定期举行的超级马拉松比赛。据《山居新语》记述，这种长跑在元大都（今北京）和元上都（今内蒙古境内）分别举行。元大都的"贵由赤"起点为河西务（今河北武清境内），终点为大都皇宫；元上都的"贵由赤"起点为泥河儿（今河北宣化境内），终点为上都宫中。二者距离均为180华里。

比赛从清晨开始，参赛者一律被长绳拦在起跑线后。号令一下，长绳放开，众好手蜂拥而出，一路风尘。大约六个小时后，比赛结束。第一名赏白银一锭，第二名赏绸缎衣服四套，第三名为三套，其余跑完全程者各一套。这是何等壮观的中国古代超长马拉松比赛啊！从距离上看，180华里，约为现代马拉松的两倍；从时间上看，开办于元世祖至元二十四年（1287年），比现代马拉松的创办早600多年；从组织形式上来看，几乎完全符合现代体育比赛的各项要求。应该说，"贵由赤"长跑赛在古代体育史上有着特殊的地位，在一定程度上促进了长跑项目的开展。

明代军事家们仍然重视对士兵的跑跳等基本技能与体质的锻炼。著名抗倭将领戚继光强调以跑步来练足力。为了提高战士的长跑能力，要求绑沙包，加强腿部力量,并且注意跑步中的呼吸。他在《练兵实纪》中还特别指出,战士练跑,应以跑一里不气喘为好,强调了在跑的过程中,要掌握有节奏的呼吸。反映了对跑这一活动形式的要领、方式和方法的全面认识,已达到了一定的水平。

 跳跃

跳跃,是古代人在生产和生活中必不可少的一种技能。为了追赶野兽、猎取食物和传递消息,古代人不得不在奔跑的道路上或山林中,跨越许多障碍物。我们的祖先将这一技能看做自身生存和发展的条件。

随着部族和国家之间的战争不断爆发,跳跃运动成为军事训练的主要内容之一。春秋战国时期,在兵书《六韬》、《心书》和《吴子》中都提出了选用"逾高绝远"以及善跑者,组成特种部队,进行有效战斗的原则。其中的跳跃,主要包括跳高和跳远。

春秋时期的鲁哀公八年(公元前487年),吴国和鲁国发生战争,鲁国大夫微虎决定夜袭吴国,挽回败局。据《左传》记述,当时为了选出精锐的战士,微虎在军前设置了一个跳高标志,能跳过这个标志三次的才能入选。说明善跳的将士在战斗中能发挥出独特的作用。

由于奔跑跳跃能力在战争中的重要作用,当时的君主们都非常珍惜体能出众的将士。《左传·僖公二十八年》曾记载了这样一件事:春秋时期,晋文公为图

霸业，四处征战，一次攻下曹国。曹国有个僖大夫，曾有恩于晋文公，故文公下令部队不要进入僖大夫的家。结果，当时的大将魏犨（音 chōu）没有听从命令，竟放火烧了僖大夫的家。晋文公大怒，意欲处死魏犨，但又舍不得这个难得的将才。正巧，这时魏犨在家中养伤，晋文公就派人去慰问，实际上是查看魏犨的伤势如何。如果他伤得很重，再也不能上阵打仗，就把他按军法处决；如果伤得轻，就不再追究了。魏犨明白了来意，就包扎好胸伤，装作十分轻松的样子，原地略一蹲身，呼的一声，跳起五六尺高，一连纵跳300次。又跪地作坐姿，忽地屈腿一跃，立即变为立姿，向前跳300次，表示自己还十分强健。使者把魏犨表演跳跃的情况向晋文公报告了，晋文公觉得魏犨身体还可以，还能打仗，就赦免了他。

先秦时期，士卒在作战中由坐姿的屈腿跳跃而起的动作叫"曲踊"；作战中甲士们排险迅速跃上战车的这一由立姿跳跃登车的动作叫做"距跃"，也叫"超距"或"超乘"。在当时，这两个动作成为军队经常习练的项目。由于这两个动作都要求弹跳力好，爆发力强，迅速敏捷，有相当的难度，因而成为评判兵士能力的标准之一。难怪魏犨不顾伤痛来表演这两种跳跃动作，并终于保住了自己的性命。

战国后，历代也十分重视对士兵跳跃能力的训练。《后汉书》上说，公元1世纪的东汉，有一名叫甘延寿的大将。他自幼练习骑马射箭、投石跳跃，学得了一身过硬本领。有一次，他竟然"超逾羽林亭楼"，也就是跳过了一座亭楼。虽然我们尚不知这座亭楼有多高,也不知甘延寿是用什么方法跳过去的,但能跳过一座亭楼的人,古今中外实属罕见。甘延寿也因此被升为郎官。

南北朝时期,陈国名将周文育,是一位跳高能手。据《周史》记载,周文育11岁时就能跳五六尺高。当时和他一起练习跳高的少年中,没有一个能比得上他。这一时期,还经常进行跳高比赛,时称"赌跳"。《资治通鉴·宋纪》就记有刘宋皇帝和臣下们"赌跳","以高为胜"的史实。

《宋书》记载了这样一个故事:南北朝时,宋朝有一对名为卜天与、卜天生的兄弟,他们皆为军队中本领高强的将领。一日,卜天生带领自己的队伍练习跳沟,沟有两丈多深,当时所有战士都跳过去了,只有这位将领没有跳过。于是第二天卜天生就继续这个项目的训练,他把沟底插满了竹签,如果跳不过去落到沟里就会皮开肉绽。兵士们见此谁也不敢跳。卜天生却勇敢地一跃而过,并在跳前口出豪言:"我向已不渡,今者必坠此坑中,丈夫跳此不渡,又何须活。"结果,在他的带动下,兵士们都跳了过去。这种训练,既增强了战士们的勇气,也练就了他们的弹跳力,因而作为军事训练项目长盛不衰。

不仅在军事训练中将跳跃作为重要项目,在民间,跳跃活动也甚流行。唐代大书法家颜真卿,弹跳力也和书法一样出类拔萃,堪称古代的跳高家。《唐语林》说他到了老年,身体仍然强壮得像三四十岁的人。他曾"以席环固其身，挺立一跃而出。"人在席子里，无法助跑，原地纵跳，能跳出三尺宽的席子，说明他的跳跃本领相当了得。

宋辽金元时期，跳跃活动仍然流行。在当时北方的少数民族中流行着一种跳骆驼的跳高活动。据《辽史》、《金史》所记，辽国的青年将领萧忽古、金国的萧仲恭都可以身被重甲纵身一跃，跳上高大的骆驼。而如此优秀的弹跳力，如没有平时的艰苦训练，是不能达到的。

到了清代，跳骆驼这一项目仍继续盛行，并成为一项例定的竞技项目。在活动中，跳高的工具是一高八尺的骆驼，竞赛者立在骆驼身旁，开始后蹲身跃起，越骆驼背而过，同时落地时要直立不仆。当时的八尺约为现代的 2.6 米左右，试想如没有助跑，全凭爆发力要跳过这个高度，是有相当难度的。由此可见当时竞赛者的跳跃水平。

从我国古代跳跃运动的发展轨迹看，这类活动多与人民生活有着紧密联系，而且形式多样、内容丰富。虽然始终没有形成一套规范的竞赛程式，但为我国后来跳远、跳高这一类活动的开展打下了基础。

 **投掷**

我国古代的田径运动，主要是作为一种军事技能，随着战争的需要而逐渐广泛开展起来的。这与西欧在竞技场上发展的田径运动，走的是完全不同的道路。

古代中国的跑、跳跃等运动是这样,投掷运动也是如此。当然,其最初的发展也是随着原始人的某些生活技能的产生而出现的。

投石击兽是原始时代人们生产和自卫的一种技能。有时,他们将野兽包围后,抓起地上的石块,猛烈地投掷过去;有时,他们偷偷地摸到野兽附近,手执石头,瞄准猎物投掷过去;还有时,原始人为了不被野兽所伤害,以投掷石块来抗击野兽的进攻。这一系列的生活手段,大概就是人类投掷活动的发端,虽然当时还不是以体育运动为目的。

随着社会的发展,作为一种劳动技能,投石击兽也被不断地传授给人们的后代。这样一来,投掷活动得到了进一步普及,并进而演化出了其他的投掷游戏。像击壤的掷塸(音 tuó)就是由投石等产生出的投掷游戏活动。

"壤",是一种用木头制成的长一尺宽三寸,类似鞋底形状的东西。玩"击壤"游戏时,先将壤放在地上,然后走出三四十步之外,以手中的另一只壤去击地上的壤,击中者为赢。《帝王世纪》一书说,帝尧之时,天下太和,百姓们安居乐业,无忧无虑地生活,甚至常常可以看到 80 多岁的田野老人边唱歌边击壤的游戏。其中的歌是这样唱的:"日出而作,日入而息。凿井而饮,耕田而食。帝何力于我哉!"好一幅安闲、恬静的野老歇耕图,反映出这游戏是休闲时间中的一种活动(见图 18)。这种击壤游戏,后来有了发展,随着砖瓦等建筑用材的出现,它逐渐被另一种游戏所取代。这就是"抛堶"游戏,也叫"打瓦"、"飞堶"等,其内容和方式也比较完整。但这种投掷游戏主要是作为一种儿童活动发展下来的。如明清时期的"打板",用瓦块、石头玩的投掷活动,就是它的发展延续。

投掷活动在其发展中,更多地还是被应用于军事斗争中,成为一种作战的技能和练兵的手段。《史记·白起王翦列传》载,公元前224年,秦始皇发动了统一六国的一次最重要战役——秦楚之战。当时,秦国大将王翦带领60万大军驻扎在天中山,连营十余里,坚壁固守,不与楚军作战;但是,长时的坚守不战,也会使自己的军队士气低落。于是秦军中开展了一系列体育娱乐活动,其间士兵们每天练习"投石、超距"等技能,以沉重的石头等来练习投掷。一连数十日,秦军的作战能力大大地提高了,而楚军则锐气大减,士气低落,身体疲倦。最后秦国大军全歼了楚军。

图18 击壤图
见《三才图会》。

汉代,投掷技能的训练更受到重视,并作为军队训练考核的内容。汉武帝的大将甘延寿,不仅跳跃"绝于等伦",其投石技能也称雄于当世。当时,"十二斤"的石头,"延寿有力,能以手投之"。汉代的十二斤约合现在的六斤,甘延寿能投出"二百(十)步"

远，亦即 28 米，可见其投掷能力的高超。由于投石等活动，不像击壤、抛堶那样的游戏轻松和悠然，而是充满了军人的勇武之气，能够练就军人尚武剽悍的性格，因而成为历代军事训练中不可缺少的项目。如唐代时，唐高宗就曾下令征召"投石、超距，勇冠三军"者，"具录封进"。在统治者的大力提倡和在军队训练中普遍开展的情况下，投石等活动在后来居然发展成为一项独特的军事技能。《水浒传》中描写了一个原是东昌府都监，后来投靠了梁山，成为马军五虎上将的没羽箭张清，他就是将军队中力量性投掷与民间的技巧性投掷巧妙地结合起来，练出了一手"善会飞石打人，百发百中"的过硬功夫。水泊梁山的众多英雄好汉，像花和尚鲁智深、大将呼延灼以及金枪手徐宁，虽个个武艺高强，但都被张清的"飞石"打得鼻青脸肿，狼狈至极。这里，投掷性的技能已不仅仅是力量的发挥，投掷的技巧性亦成了这类活动的重要组成部分。

随着社会的发展和前进，以原始人投石击兽开始的投掷活动逐渐演变为一种游戏和军事训练技能。随着新内容的增加和更先进的工具的出现，投掷技能已失去了它原有的作用，但作为锻炼臂力、增强体质和技巧技能的一种方式仍然被保留了下来。可以说，现代体育运动中田径活动的投掷项目，如标枪、铁饼、铅球等等的出现和发展，均与古代投掷活动的流行有着一定的渊源关系。

五 "导气令和，引体令柔"
——强身健体的养生体育

人类，从它诞生的那一天起，就开始在极其艰难困苦的条件下，为自己的生存与健康进行着顽强的斗争，不断地适应环境、适应自然、改造环境、改造自然。正是在这个长期的求生存的斗争过程中，人类逐渐地认识了自己，掌握了生命活动的某些规律，出现了养生体育活动。

我国养生体育的历史源远流长。根据《吕氏春秋》、《路史》等书的记载，早在唐尧时期，洪水连年泛滥，到处湿漉漉，使长期生活在潮湿环境里的人们浑身不舒展，以致关节肿胀，产生了许多疾病。为了治疗关节肿胀等疾病，人们就发明了一种被称作"大舞"的舞蹈，用跳舞的办法来舒展筋骨、活动关节，排斥心中的烦闷。后来，人们从实践经验中发现，这一类舞蹈具有意想不到的良好的舒壮筋骨的作用，从而逐渐发展出后来的导引、按摩等古代疗法。

随着社会生产力的发展，人类认识能力的提高，人们开始明确建构和认同有关幸福的模式和标准。于是，健康长寿越来越成为人们美好的愿望和追求的目标。在大致产生于商末周初的《尚书·洪范》之中，就提到了"五福"（即寿、富、康宁、攸好德、考终命五种好运），其中有三项都与健康长寿有关。在这里，古代中国人倾向于将自己的幸福观和价值取向牢牢地同长寿、健康安宁、尽天年等相结合。在西周的颂歌里，已有了"万寿无疆"、"如南山之寿"等颂词。正是在有了这些健康长寿愿望的基础上，人们才开始积极地去付诸行动。

由先秦到西汉，中国古代的养生体育开始从各门学科中吸取有益的成分以发展自己。首先是中国医学与哲学的结合，在引入了像阴阳五行、精、气、神这些哲学概念后，形成了独特的中医理论。同时，通过儒、道、释及神仙方士和世俗的努力，中国传统的养生体育体系终于形成了。这就是以呼吸锻炼为主的行气术，以引伸肢体为主的导引术和以舒筋活络为主的按摩术。其中行气术所强调的是"静"，是通过控制意念和呼吸运动进行养生治病的"静气功"。而导引术和按摩术则强调的是"动"，是以肢体活动为主，配合呼吸运动和自我按摩的养生方法，或可统称为导引按摩术。这两大养生形式共同构筑起了中国传统养生体育的体系，为中华民族的健康做出了重要的贡献。

# 行气术

行气，又叫吐纳、服气、炼气、胎息等，是在意念指导下的一种呼吸锻炼。行气这一养生方式开始于

什么时候，现在还找不到确切的记载。我们今天所知道的最早的史料，是现存于天津历史博物馆的战国初期的《行气玉佩铭》。这件器形呈十二面体柱状，上刻一段关于"行气"的篆书铭文，每面刻三字，有九字重文，共四十五字。按照郭沫若《"行气铭"释文》的考释，其铭文是这样的："行气，深则蓄，蓄则伸，伸则下，下则定，定则固，固则萌，萌则长，长则退，退则天。天几春在上，地几春在下。顺则生，逆则死"（见图19）。铭文大意是说，吸气深入则多其量，使它往下伸，往下伸则定而固；然后呼出，像草木之萌生，往上长，与深入时的经路相反而退进，退到绝顶。这样，天机便朝上动，地机便朝下动，顺此生之则生，逆此生之则死。这是目前人们所见到的最早的关于气功理论的论述，它扼要地阐明了行气的要领、过程和作用，和后世气功所谓"气沉丹田"及"周天运行"等理论与方法基本一致。《吕氏春秋·序意》中"天曰顺，顺维生。地曰固，固维宁"的记述，与行气铭的观点也是一脉相承的。表明战国时期的中国已经有了较为高深的行气方法。

图19 战国行气玉佩铭线图

天津历史博物馆藏品。

《黄帝内经》是我国最早的一部医书，其部分篇章撰写于战国时期。书中认为,"气"是构成人体的微小物质,"上焦开发,宣五谷味,熏肤,充身,泽毛,若雾露之溉";"气"还是一种无处不到,无时或息的营养物质,它"如水之流,如日月之行不休……其流溢之气,内溉脏腑,外濡腠理"。人体只要正气(真气)充盈,就可以防御疾病。如果"呼吸精气,独立守神,肌肉若一",就能够"寿蔽天地,无有终时",达到健康长寿的目的。在这里,作为一种自我控制的内循环运动的行气,其目的就是在于通过专门的功法,促使"水谷之气"不断化生,补充日渐耗竭的"元气"。

道家学派主要代表人物庄子,重视身体的养护,其养生原则是要人们做到"依乎天理,因其固然"。在他的著作中,对"行气"的基本方法与要求进行了记述,比如"一若志,无听之以耳,而听之以心,无听之以心,而听之以气"的入静过程,以及行气过程中"其息深深,真人之息以踵"等。这种以静坐功夫为特征的行气术,对后世养生产生了广泛的影响。

秦汉以后,在先秦阴阳五行哲学思想和精、气、神等原理的影响推动下,行气术已开始形成系统的体系。一是以意守为主要特征,强调以守一修性,以内气养形的"抱神导一"的行气术;一是重视循经络行气,在一呼一吸中循环一次为特征的"周天行气法"。前者继承了庄子的行气术式,而后者则导源于"行气玉佩铭"之术式,形成了中国传统养生体育中行气术式最初的两大体系。

1973年,在长沙马王堆三号西汉墓中出土了一篇写在缯帛上的著作《却谷食气篇》。文中提到了一种不吃粮食，只吃石韦（一种中药材），靠食气（呼吸锻炼）进行的行气术。其中讲到"为首重足轻体轸，则昫（音 xǔ）吹之，视利止"。指出因"辟谷"而导致头重脚轻、身体上出现浮肿时，应用"昫吹"的方法行气，一直到痊愈时才停下来。同时，强调在不同的季节（如春夏秋冬）行气时，应利用不同的自然环境，特别要保持空气的新鲜。如"春食一去浊阳，和以□光、朝霞"，"夏食一去阳风，和以朝霞，行暨"等等，文中还对不同年龄的人在早、晚行气时的"昫吹"次数作了详细规定。如说："年廿者朝廿暮廿，二日之暮二百，年卅者朝卅暮卅，三日之暮三百，以此数准（推）之。"这篇养生著述虽不免迷信色彩，但对行气的内容、做法及注意事项等的记载，较之以前的理论更为详细、具体和系统，并产生了相当的影响。为汉高祖刘邦打天下立下汗马功劳的张良，在功成名就后，"愿弃人间事，欲从赤松子（传说中的仙人）游，乃学辟谷道引轻身"，去练这种不吃饭的气功去了。

《周易参同契》一书是东汉人魏伯阳"假借爻像，以论作丹之意"的道教养生著作。晋人葛洪在《神仙传》中说："魏伯阳，吴人也。本高门之子，而性好道术。"魏伯阳对秦汉时勃兴的方仙道持批判态度，继承了"天地宇宙，一人之身也；六合之内，一人之制也"的物我一体思想，视人体为一个"小宇宙"。他以《周易》阴阳运动原理为骨架，以"黄老"精气学说为内核，借用丹鼎炉火等术语，构筑起了行气炼养术的理论模式。与魏伯阳的《周易参同契》同时出现的另一部道教经典，是托名于吉写的《太平经》，这也是一部对后世产生重要影响的养生著作，书中提到了"守一"和"存想"的练功法，指出行气方法以意守为主要特征，通过意念固守身体某一部位，返观内照，凝神入穴，从而达到以神养气，以气养形的目的。可以说，这两部著作分别代表了当时行气理论的两个流派。

清谈玄远、寄情山水、饮酒食药、避祸祈福的"魏晋风度"，为这一时期养生的发展提供了条件。集神仙方术之大成者的葛洪，就提出了他自己的一套养生主张和养生方法。在行气方面，他认为"气"是构成人体的重要物质，人赖气以生。他在《至理》中说："人在气中，气在人中，自天地至于万物，无不须气以生者也。"在行气的功法方面，葛洪特别强调和主张"胎息法"，亦即模拟胎儿在母体中的呼吸状态。实际上，这是一种非常细长的绵绵不断、若存若亡的停顿呼吸法。"初学行气，鼻中引（吸）气而闭之，阴（暗自）以心数至一百二十，乃以口微吐之。及引之，皆不欲令己耳闻其出入之声，常令入多出少，以鸿毛著鼻口之上，吐气而鸿毛不动为候也。"就是说，在呼吸调整平稳之后，即以鼻作缓慢的深呼吸，然后闭气默数。但这种闭气并非硬憋着不出气，而是保持"呼之微微、吸之绵绵"的状态，做到静、松、深、长、缓、匀、细、微。不但自己听不到呼吸声，就是羽毛置于鼻下也不为动。葛洪在《抱朴子·内篇》中还记有鼓口咽气法、守一法、内视法、反听法、数息法等养生术。其中守一法、内视法、反听法都是通过人的意念活动达到入静保神的目的，它们是后世"静功"的重要组成部分。

继葛洪之后出现的养生家陶弘景，"善辟谷导引之法，自隐处四十许年，年逾八十而有壮容"。在行气方面，他提出了吹、呼、唏、呵、嘘、呬（音 xì）的吐气法，针对不同病症，采用六字发音的不同口型，牵动不同脏腑经络，使气血畅通，进而达到祛病强身的目的。这种吐气法，深受后人重视，被总结成"六字吐气法"的口诀广为流传。

隋唐时期，有关养生体育中的行气术更为完善和充实。被后人称为"药王"的孙思邈，同时也是一位著名的养生家和道教的虔诚信徒。他在《千金方》、《福禄论》、《摄生真录》及《摄养枕中方》等著作中论述的养生理论和方法，一直为后人所称道。孙思邈很重视行气，他认为"行气可以治百病……可以延年命。"为此他在书中记载了不少前人提出的行气方法，诸如调气法、内视法、禅观法、六字诀及胎息法等等，并加以整理发挥。同时，还提出了咽气、淘气、炼气、委气、服气、引气等行气法。他对行气的时间及注意事项，也有所论述，如强调行气的时间应在夜半后、日中前，气生之时行气。主张行气时要先入静，即静心平气，排除杂念，令"耳无所闻，目无所见，心无所思"。唐代的另一位大养生家，陶弘景的四传弟子司马承祯，还打破传统，在原有的行气方法的基础上，大胆地吸收了佛教的"渐悟"、"禅定"、"止观"等理论，从而建立起有别于道教上清派传统气法的养生方法。司马承祯引佛入道，不但较系统地解决了传统气法中的入静问题，而且对唐末五代兴起的内丹派"性命双修"的理论产生了深远的影响。

与养生术的全面兴盛同时，出现了一股服食丹药的风气，这是养生领域的一股逆流。有些所谓"神仙方士"为了迎合那些习惯于养尊处优的帝王将相、达官贵人以求长生不老的愿望，大肆宣扬服食以丹砂炼成的"仙药"。实际上，那些所谓的"仙丹"只不过是黄金、白银、玉石、云母、石英等一类人体不能消化的金属或矿物质，有的干脆就是用硫黄和水银炼成的能致人于死命的硫化汞。当时，最先服用丹药的是唐太宗。他在功成名就之后，为了永享荣华富贵，迷信方士，服用了"长生不死"的丹药，结果却致早死。继唐太宗之后，唐宪宗、唐穆宗、唐武宗、唐宣宗，以及著名文人元稹、韩愈都是因服食金丹而身亡。在付出高昂代价之后，一些有识之士认识到："八石、四黄（指炼丹用的矿物质）非长生之妙药。"猖獗一时的服食丹药的这种"外丹术"，逐渐地销声匿迹了。

在"外丹术"冷落下去的同时，一种以人体为炉鼎，以元精、元气、元神为先天大药，经过一定程序的炼养步骤，使精、气、神在体内聚凝不散的"内丹术"，却生机勃勃地发展了起来。内丹术的创导者是隋人苏元朗，他首著《旨道篇》，"自此道徒始知内丹矣"。至唐末五代，内丹术得到巨大发展，钟离权、吕洞宾、刘海蟾及崔希范等大都是推行和发展内丹术的著名人物。在崔希范著《入药镜》、施肩吾著《钟吕传道集》等书中，都对内丹的理论和内丹气法进行了系统的论述，成为宋元内丹派形成的主要基础。

对宋元内丹派形成做出重要贡献的当首推宋朝初年的华山道士陈抟（音 tuán），他曾参加过后唐长兴年间的科举考试，落第后不求禄仕，隐居华山研究养生术。他行内丹修炼法，创睡功诀（即蛰龙法），"每寝处多百余日不起"。这是一种以睡姿行气，似睡非睡，神气相抱，致虚极，守笃敬，不动、不饮、不食，可以使身体六脉俱无，闭气胎息，进入一个静寂境界的行气方法。为此，陈抟曾作诗一首，对这种行气法所达到的境界进行了形象的描绘，诗中说："至人本无梦，其梦乃游仙。真人亦无睡，睡则浮云烟。炉中长存药，壶中别有天，欲知睡梦里，人间第一玄。"北宋的大文学家苏轼、欧阳修，南宋大诗人陆游，也大力提倡行气养生健身。苏轼在其《上张安道养生诀论》中具体介绍了内视行气法，说明了他练习行气已有较深的体会。欧阳修在《删正黄庭经序》中更进一步指出，行气时"息虑，绝欲，炼精气，勤吐纳，专于内守"，就可以"以养其神"。陆游的《养气》诗也云："学道先养气，吾闻三住章，屏除金鼎药，糠秕玉函方。"这些都反映出养生舒气在两宋社会上是较受重视的。

明清是我国古代养生体育的全面完善时期。各种养生方法在经过了历代养生家的实践论证后，在这一时期进一步得到丰富,并逐步走向系统化。从得气方面所提炼出来的几种方法,诸如六字诀、调气法、内视法、胎息法、禅观法以及丹术等等,在明清时期都得到了进一步推行和整理。经过养生家们的努力,各种行气法互相取长补短,相互融合,形成了许多成熟的有良好的养生价值的高级功法,同时对某些新的、更有发展前途的养生方法的形成奠定了基础。如明万历年间高濂所著《遵生八笺》中所提出的一套极有价值的《导引却病歌诀》,就是结合以前的行气术,再参考了按摩等导引术而形成的一种养生术式。它既不是单纯的静坐行气,也不只是"小劳术"的按摩,或屈伸肢体的操练,而是各种锻炼方法的综合,提高了身体锻炼的简便性与功效。

导引按摩术

导引是一种以肢体活动为主,配合呼吸吐纳的运动方式;而按摩则是以舒筋活络、宣通气血为目的的保健手段。二者所强调的皆是以肢体活动为基础的养生体育。"导引"这个词,最早出现在《庄子·刻意》中。庄子认为那些喜欢模仿各种动物活泼有趣的动作来创编导引术式的人们,只不过是"为寿而已矣","此道引(导引)之士,养形之人,彭祖寿考者之所好也"。这些就是像彭祖这样的导引养生家所爱好的事情。彭祖据说名叫钱铿,相传为殷商时人,因其封地在彭城,他本人又被奉为养生家们的祖师爷,所以被称为彭祖。对《庄子》中所指出的"导引",后人李颐(音 yí)的解释是"导气令和,引体令柔",是一种包含了呼吸吐纳、引伸肢体和自我按摩的追求长寿的活动。

秦汉时,导引术有了很大的发展。在《淮南子》一书中已有不少模仿动物的养生练习的记载,其中除了"熊经、鸟伸"以外,还提到了"凫浴"、"猿躩"、"鸱(音 chī)视"、"虎顾"等,这六种名目即是后人所谓的"六禽戏"。1973 年,湖南长沙马王堆三号西汉墓中出土了一幅《导引图》。图中彩绘有 44 个各种不同人物动作的导引形象,这是迄今所发现的最早的、最完整的古代导引图解。全图长约一米,宽约半米,人物动作全都是彩色工笔绘成。练习导引的有男有女,有老有少,有裸背者,也有着衣者,其衣冠均为当时一般庶民打扮,反映出导引在当时已经有非常广泛的群众基础,得到各阶层的喜爱。图中的导引术式大体可分为两类:一类是根据人体形态所提炼出的日常生活动作;一类是模仿动物形态的仿生类,由熊经、鸟伸等发展到鹞、龙、猴、鹯(音 zhān)、猿、鹤、燕、蟾等 17 个术式。就整个《导引图》看,它充分反映了当时导引术式的多样性特点:如在功能方面,图中既有治病的术式,也有健身的术式。图内很大一部分题记所标明的"引"(或"俛",音 fǔ)什么病的,诸如"引聋"、"引膝痛"、"引胠(音 qū)责(积)"、"引炅(热)中"、"引温病"、"引脾(痹)痛"、"俛""厥"等等,就是指的有关治病的术式。这里的"引"

是"引体令柔"之意,"俛"则指屈身体俯地而言,将此与某种病名联系起来,显然是通过一定的肢体导引运动来治疗某种疾患。从图中的术式看,其动作的设计与疗疾区的关系均符合人体解剖结构,反映了术式设计是建立在一定的人体解剖学基础之上的。图中对导引运动形式的表现方面,更是多种多样,既有立式导引,又有步式导引和坐式导引。其中又以步式导引为多,且肢体运动的幅度较大,表明这种导引有着一定的运动强度;既有徒手的导引,又有使用器械(如杖、鞠)的导引;既有配合呼吸运动的导引,如"仰呼"、"猿呼"等,又有纯系肢体运动的导引。而大量模仿动物形态的仿生类导引,更是《导引图》中的一个主要内容,反映出中国古代体育尤其是养生体育中仿生性这一重要特征(见图20)。

图20 西汉 导引图帛画摹本

湖南长沙马王堆三号墓出土。

东汉时期,导引术有了进一步的发展。作为导引术发展到一个崭新的水平的标志,则是东汉末年著名医生华佗创编的"五禽戏"。华佗（？～208年），字元化，今安徽亳州人。他不仅精于医道，长于外科手术，对养生学也颇有研究。他的足迹遍布安徽、山东、河南、江苏的许多地方，长年奔波于民间，为百姓解病除痛，因此被人们奉为医圣。他用小小的银针治好了曹操多年不愈的头痛风，只因不愿当专为曹操一人服务的侍医，最后惨遭杀害。华佗非常强调运动对于健康的重要性，认为人的身体应当经常运动，"但不当使极耳"，即不要过分。他在前人有关导引理论和实践的基础上，根据人的生理和某些医理，模仿虎、鹿、熊、猿、鸟五种动物的神态编制了一套自我保健的导引套路——"五禽戏"。华佗对他的弟子吴普说："吾有一术，名五禽之戏：一曰虎，二曰鹿，三曰熊，四曰猿，五曰鸟。亦以除疾，兼利蹄足，以当导引。体有不快，起作一禽之戏，怡而汗出，因以着粉，身体轻便而欲食。"据说吴普听了他的话认真练习五禽戏，90多岁时眼不花，耳不聋，牙齿不脱落。从马王堆《导引图》中的单式导引，到具有一整套连贯术式的五禽戏，反映了导引发展史上的一个重大进步。五禽戏的出现，推动了导引的发展，后世各种成套导引术的产生，几乎都与五禽戏有关，这标志着中国古代导引术进入了一个套路发展阶段。

两晋南北朝时的养生大家葛洪也是一个对古代导引和整个养生术做出杰出贡献的人物。作为一个医学家，葛洪的养生之道，在强调行气的同时，还继承和发展了前人导引养生的理论和方法。葛洪的导引方法，不拘泥于传统的导引术式，他在博览了诸家的导引养生术之后，提出了"众术共修"的理论。在他的《抱朴子》一书中，不仅收录了模仿动物，诸如虎、熊、龟、燕、蛇、兔等的导引术式，还主张在清晨和夜间练习以及进行自我保健的按摩，包括叩齿、漱咽、摩目、按耳、摩面等。葛洪的导引按摩方法是对传统导引的一种革新，这有利于导引养生的普及和发展。

继葛洪之后的陶弘景，更精于养生之道。在他的《养生延命录》中，汇辑了前人一系列导引按摩方法，其中包括有啄齿、漱唾咽津、握固、按摩和肢体运动等术式。他所辑录的华佗的"五禽戏诀"，是现存最早的关于华佗五禽戏动作内容的文字说明。此一口诀虽然是后人所编，但对五禽戏的推广与普及起了重要作用。

文化鼎盛时期的隋唐，各种流派的养生术开始汇集在一起，并逐渐地形成了一个博大精深的体系，导引养生术达到了空前繁荣的程度。隋代巢元方在其主持编修的《诸病源候论》这一医书中，仅气功养生法就列有260多条。而唐代医学家王焘《外台秘要》所记载的导引方法竟然达到300种以上。医家对导引术的广泛采用，促进了导引术的演变。这除了兼收各家之长，不拘泥于形式，拓展了对导引术式的选择外，进行导引活动的针对性更强了。如巢元方的《诸病源候论》中，就针对各种疾病，开列了"补养宣导法"，以使某种方法的导引与保健和对某种病症的治疗结合起来。这种趋势促使导引养生术更加积极地朝着预防疾病、强身保健、修身养性和益寿延年的方向发展。这对宋代以后养生体育中用于保健的导引功法的发展产生了深刻的影响。

以舒筋活络为主的按摩导引术，经过魏晋南北朝时期的推广、普及，并随着医学的发展，至隋唐已达到了一定水平。隋、唐两代的太医署中，均设有按摩博士或按摩科、按摩师等，反映了官方对按摩养生的重视。唐代名医孙思邈是对这一时期按摩养生作出重要贡献的人物，他在其《千金方》等书中，对老年保健按摩等作了较深入的研究。他吸收了佛教修炼术动作简练柔和、强度小的特点，创编了"老子按摩法"、"天竺按摩法"等适合老年的保健按摩导引术。其中《老子按摩法》共有49个动作，而《天竺按摩法》则有18式。这些按摩法，主要是肢体运动，可以说是颇有价值的健身操。《老子按摩法》发挥了中国古代传统导引方法的特点，而《天竺按摩法》则是在中国古代导引的基础上，吸取了印度的某些健身动作而编制成的。

宋代以后，传统的导引术逐渐向精炼成套、易于施行的方向发展，这表现在创造了一些简便易学的导引术式。宋代有影响的导引术主要有三种。一种是宋初道士陈抟创编的"十二月坐功"，这是按二十四节气所规定的导引坐功。其动作简单，术式较少，而且肢体操结合保健功，针对病症进行活动，因而具有一定的科学性和实用性。另一种是至今仍在流行的"八段锦"。"八段锦"之名始见于南宋洪迈的《夷坚乙志》

卷九，文中称在北宋政和七年（1117年），已有"行所谓八段锦者"。实际上，八段锦是一个和中医理论结合的简便易行的健身操，因其动作连贯、对身体的锻炼相当全面，故一直长盛不衰（见图21）。还有一种是宋人蒲处贯根据前人导引术改编的一套"小劳术"。这套小劳术是一种以按摩为主的健身方法，因其在练功时要求运动量小，不应使人练得筋疲力尽，故称"小劳术"。这套小劳术包括简单的体操和头面部、四肢及躯干的按摩，简单易行。这三种导引术精炼成套，简便易行，肢体活动兼保健按摩法，且紧密服务于健体祛疾，是古代导引养生新的发展。它对明清的导引术式的形成有相当的影响。

中国古代传统的导引按摩养生术，发展到明清已趋完善和系统化，许多养生学家对古代的一些养生功

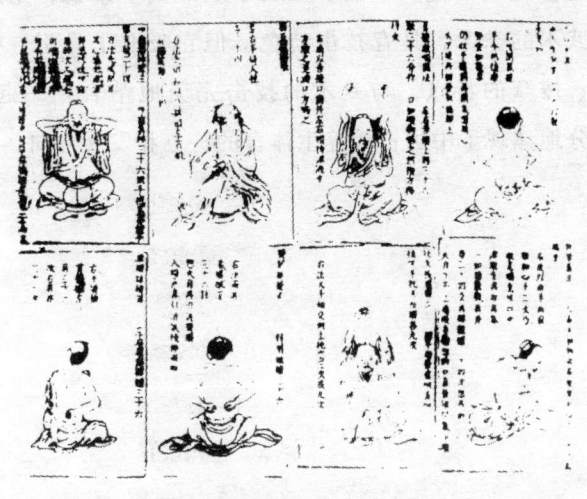

图21　宋　八段锦

见《三才图会》。

法和书籍做了研究与整理。如明代高濂的《遵生八笺》、冷谦的《修龄要旨》、龚廷贤的《寿世保元》、胡文焕的《寿养丛书》和清代的《寿世传真》、《内功图说》等。在这些养生著作中，都强调了导引术是强身防病、延年益寿的重要手段。这时，除了总结、整理以前的导引术式以外，还出现了不少新的导引方法，如始见于明朝天启四年（1624年）手抄本的"易筋经十二势"。但从整个导引养生种类来看，明清时期的导引术已不是单纯的肢体运动了，而是越来越盛行将肢体运动、按摩和行气结合在一起的养生方法。这样，不但使中国传统的养生体育更具实用性，而且使流行几千年的导引按摩术和行气术进一步地结合起来，促进了各种健身功法的发展。明末清初流行的太极拳，就是在此基础上产生的。太极拳从形式上来说，是属于武术的拳术，具有技击特色。但它吸取了导引、行气、按摩的特点，与武术的技击完美地结合在一起，充分地体现了中国古代养生体育的特色和发展方向。

六 "精思入于神，变化胡能拟"
——传统的棋类游戏

棋，在中国古代体育活动中是一个不小的家族。它种类繁多，源远流长，不断启迪人的思维与智慧，可以说是一种充满妙趣的智力竞技活动。几千年来，人们发明创造并不断丰富发展了它，无数的军事家、大臣和君王，是棋游戏的能手，无数的文学家、诗人和哲学家，是棋游戏的爱好者，他们从棋中体会治国安邦之理，从棋中体味人生。棋也娱乐着世世代代的民众，使他们在枰声局影中，忘却了人间无限的烦恼，神游于尘外。

围棋活动，是古代文化生活的重要组成部分，是社会各阶层人物的共同行为。它对人类生活机制具有调节作用，直接影响了人们的道德观念、行为准则、审美趣味乃至思维方式。这一切使棋类活动有别于通常的消遣游戏，而成为一种具有丰富内容的文化形态。但是从娱乐性的目标出发，棋艺仍是古人施展聪明才智的最终目的。他们或是在游戏的规则上争奇斗巧，或是运用诗词或精美的文学修辞使之富于艺术意味，或是将游戏与其他的赏心雅乐如行令、猜谜等沟通起来，使之能被更多的人士及更多的场合接受。而正是这种化俗为雅、趣韵并兼的倾向，构成了中国棋类文化的重要特点。

中国古代传统的棋类游戏在总体上主要分为两大类，一是包括围棋、象棋、弹棋在内的凭智力的棋艺，一是以六博、双陆为代表的伏机运的博戏。前者在于它的锻炼思维、陶冶情性的教育性，而后者则显示的是其贪求物欲、幸胜牟利的功利性。古人将两者并列在一起，是因为它们都是在"局"或"枰"上进行的棋类游戏，都是广博的中国古代传统体育文化的重要组成部分。

 **围棋**

被人们形象地比喻为黑白世界的围棋，是我国古代人民所喜爱的娱乐活动，同时也是人类历史上最悠久的一种棋艺。由于它将科学、艺术和竞技三者融为一体，有着发展智力，培养意志品质、机动灵活的战略战术思想意识和全局观点，丰富人们文化生活，陶冶性情，健康身心等有益作用，几千年来长盛不衰，并逐渐地发展成了一种国际性的文化体育活动。

围棋，在我国古代称为弈，在整个古代棋类中可以说是棋之鼻祖，相传已有4000多年的历史。据《世本》所言，围棋为尧所造。晋张华在《博物志》中亦说：“舜以子商均愚，故作围棋以教之。”尧、舜是传说人物，造围棋之说不可信，但它反映了围棋起源之早。春秋战国时期，围棋已在社会上广泛流传了。《左传·襄公二十五年》曾记载了这样一件事，公元前559年，卫国的国君献公被卫国大夫宁殖等人驱逐出国。后来，宁殖的儿子又答应把卫献公迎回来。文子批评道："今宁子视君不如弈棋，其何以免乎？弈者举棋不定，不胜其耦，而况置君而弗定乎？"用"举棋不定"这类围棋中的术语来比喻政治上的优柔寡断，说明围棋活动在当时社会上已经成为人们习见的事物。

《孟子·告子》载："弈秋，通国之善弈者也。使弈秋诲二人弈，其一人专心致志，唯弈秋之为听。一人虽听之，一心以为有鸿鹄将至，思援弓缴而射之。虽与之俱学，弗若之矣。"从这段记述中，我们看出弈秋是当时诸侯列国都知道的名棋手，且弈秋还以棋教学生。反映了在战国时期围棋技术已有一定的水平，有了专门教棋的教师，出现了私人授棋的现象。

秦灭六国一统天下，有关围棋的活动鲜有记载。《西京杂记》卷三曾有西汉初年"杜陵杜夫子善弈棋，为天下第一人"的记述，但这类记载亦是寥如晨星，表明当时围棋的发展仍比较缓慢。到东汉初年，社会上还是"博行于世而弈独绝"的状况。直至东汉中晚期，围棋活动才又渐盛行。1952年，考古工作者于河北望都一号东汉墓中发现了一件石质围棋盘，此棋局呈正方形，盘下有四足，局面纵横各17道，为汉魏时期围棋盘的形制提供了实物资料。与汉魏间几百年频繁的战争相联系，围棋之战也成为培养军人才能的重要工具。桓谭《新论》就曾这样指出："世有围棋之战，或言是兵法之类。"东汉的马融在《围棋赋》中更将围棋视为小战场，把下围棋当做用兵作战，"三尺之局兮，为战斗场；陈聚士卒兮，两敌相当。"当时许多著名军事家，像三国时的曹操、孙策、陆逊等都是疆场和棋枰这样大小两个战场上的佼佼者。著名的"建安七子"之一王粲，除了以诗赋名著于世外，同时又是一个围棋专家。据说他有着惊人的记忆力，对围棋之盘式、着法等了然于胸，能将观过的"局坏"之棋，重新摆出而不错一子。

我国围棋之制在历史上曾发生过两次重要变化，主要是在于局道的增多。魏晋前后，是第一次发生重要变化的时期。魏邯郸淳的《艺经》上说，魏晋及其以前的"棋局纵横十七道，合三百八十九道，白、黑棋子各一百五十枚"。这与前面所介绍的河北望都发现的东汉围棋局的局制完全相同。但是，在甘肃敦煌莫高窟石室发现的南北朝时期的《棋经》却载明当时的围棋棋局是"三百六十一道，仿周天之度数"。表明这时已流行19道的围棋了。这与现在的棋局形制完全相同，反映出当时的围棋已初步具备现行围棋定制。但从总体上分析，这时的围棋是17道、19道局制同时流行，还没有完全定型。

由于南北朝时期玄学的兴起，导致文人学士以尚清谈为荣，因而弈风亦更盛，下围棋被称为"手谈"。上层统治者也无不雅好弈棋，他们以棋设官，建立

"棋品"制度,对有一定水平的"棋士",授予与棋艺相当的"品格"(等级)。当时的棋艺分为九品,《南史·柳恽传》载"梁武帝好弈,使恽品定棋谱,登格者二百七十八人",可见棋弈活动之普遍。现在日本围棋分为"九段"即源于此。上述这些变化,极大地促进了围棋技术的提高,为后来围棋在中国的进一步发展和向国外的传播奠定了基础。

唐宋时期,可以视为围棋之制在历史上发生的第二次重大变化时期。由于帝王们的喜爱以及其他种种原因,围棋得到长足的发展,对弈之风遍及全国。这时的围棋,已不仅在于它的军事价值,而主要在于陶冶情操、愉悦身心、增长智慧。弈棋与弹琴、写诗、绘画被人们引为风雅之事,成为男女老少皆宜的娱乐项目。在新疆吐鲁番阿斯塔那第187号唐墓中出土的"仕女弈棋图"绢画,就是当时贵族妇女对弈围棋情形的形象描绘(见图22)。

图22 唐 弈棋图绢画摹本

新疆吐鲁番阿斯塔那出土。

当时的棋局已以19道作为主要形制,围棋子已由过去的方形改为圆形。1959年河南安阳隋代张盛墓出土的瓷质围棋盘,唐代赠送日本孝武天皇、现藏日本正仓院的象牙镶钳木质围棋盘,皆为纵横各19道。中国体育博物馆藏唐代黑白圆形围棋子,淮安宋代杨公佐墓出土的50枚黑白圆形棋子等,都反映了这一时期围棋的变化和发展。

唐代"棋待诏"制度的实行,是中国围棋发展史上的一个新标志。所谓棋待诏,就是唐翰林院中专门陪同皇帝下棋的专业棋手。当时,供奉内廷的棋待诏,都是从众多的棋手中经严格考核后入选的。他们都具有第一流的棋艺,故有"国手"之称。唐代著名的棋待诏,有唐玄宗时的王积薪、唐德宗时的王叔文、唐宣宗时的顾师言及唐僖宗时的滑能等。由于棋待诏制度的实行,扩大了围棋的影响,也提高了棋手的社会地位。这种制度从唐初至南宋延续了500余年,对中国围棋的发展起了很大的推动作用。

从唐代始,昌盛的围棋随着中外文化的交流,逐渐越出国门。首先是日本,遣唐使团将围棋带回,围棋很快在日本流传。不但涌现了许多围棋名手,而且对棋子、棋局的制作也非常考究。如唐宣宗大中二年(848年)来唐入贡的日本国王子所带的棋局就是用"揪玉"琢之而成的,而棋子则是用集真岛上手谈池中的"玉子"做成的。除了日本,朝鲜半岛上的百济、高丽、新罗也同中国有来往,特别是新罗多次向唐派遣使者,而围棋的交流更是常见之事。《新唐书·东夷传》中就记述了唐代围棋高手杨季鹰与新罗的棋手对弈的情形,说明当时新罗的围棋也已具有一定的水平。

唐宋以后,围棋活动更为普及。诗词、民间传说以及戏剧等文学艺术品类中,有许多是以围棋为题材或涉及围棋的。如在元代杂剧中,就有不少剧本提到围棋，也有全剧以围棋为主线的。像李文蔚《破苻坚蒋神灵应》杂剧，在描写前秦苻坚与晋交战的故事中，就保留了十九字记谱法、五盘小棋势、二十四盘大棋势和围棋十诀等棋谱，反映了当时的棋艺水平。山西洪洞县水神庙壁画中保存的元代《弈棋图》画像，更生动地表现出围棋开展的情况。

明清两代，棋艺水平得到了迅速的提高。其表现之一，就是流派纷起。明代正德、嘉靖年间，形成了三个著名的围棋流派：一是以鲍一中（永嘉人）为冠，李冲、周源、徐希圣附之的永嘉派；一是以程汝亮（新安人）为冠，汪曙、方子谦附之的新安派；一是以颜伦、李釜（北京人）为冠的京师派。这三派风格各异，布局攻守侧重不同，但皆为当时名手。在他们的带动下，长期为士大夫垄断的围棋，开始在市民阶层中发展起来，并涌现出了一批"里巷小人"的棋手。他们通过频繁的民间比赛活动，使得围棋更进一步得到了普及。

随着围棋活动的兴盛，一些民间棋艺家编撰的围棋谱也大量涌现，如《适情录》、《石室仙机》、《三才图会棋谱》、《仙机武库》及《弈史》、《弈问》等20余种明版本围棋谱，都是现存的颇有价值的著述，从中可以窥见当时围棋技艺及理论高度发展的情况。

满族统治者对汉族文化的吸收与提倡，也使围棋活动在清代得到了高度发展，名手辈出，棋苑空前繁盛。清初，已有一批名手，以过柏龄、盛大有、吴瑞澄诸人为最。尤其是过柏龄所著之《四子谱》二卷，变化明代旧谱之着法,详加推阐以尽其意,成为杰作。康熙年间,弈学之盛,更是从来未有。除上述名手外,尚有黄霞、徐星友、程兰如、梁魏今等等。当时黄霞号称第一流,他在18岁时即成为国手,后人称其棋是"如天仙化人,绝无尘想",并推他与顾炎武、黄宗羲等并列为"十四圣人"之一,奉他为"棋圣"。

　　清康熙末到嘉庆初,棋坛涌现出了一大批名家。其中梁魏今、程兰如、范西屏、施襄夏四人被称为"四大家"。四人中,梁魏今之棋风奇巧多变,使其后的施襄夏和范西屏受益良多。施、范二人皆浙江海宁人,并同于少年成名,人称"海昌二妙"。据说在施襄夏30岁、范西屏31岁时,二人对弈于当湖,经过10局交战,胜负相当。"当湖十局"下得惊心动魄,成为流传千古的精妙之作。施襄夏著有《弈理指归》,范西屏作有《桃花泉弈谱》。这两部著述至今仍是围棋理论的重要著作。

　　范、施之后,棋坛上又出现了"十八国手",然棋艺水平皆不如范、施。清朝末年,政治腐败,经济落后,中国逐渐沦为半殖民地半封建社会,围棋活动亦一蹶不振。直至中华人民共和国成立后,流行了4000余年的中国围棋才始又复兴。

 **象棋**

　　象棋,古称"象戏",是一项具有悠久历史的棋类活动。它的起源至今无从确考,自古以来众说纷纭,

莫衷一是。综合起来，不外以下几种，即创始于舜说，创始于周武王说，《易经》起源说，创始于汉代说，印度传来说及创始于先秦说等等。把象棋的起源归功于某个人，这是英雄崇拜的产物，不可信；而《易经》起源说，带有附会之意；至于创始于汉代说，则只是根据象棋局中"楚河汉界"所作出的臆断；印度传来说更是缺乏确凿的证据。

根据象棋的局制和规则，中国象棋的起源应与兵家有着密切的关系。英国著名学者李约瑟在他所著述的《中国科学技术发展史》一书中指出，象棋是中国人民的创造，是古代中国人模拟战争而创造的一种游戏。春秋战国时期，战争连年不断，人们仿照军队的编制、布阵遣将的方法等创制了一种新的棋游戏，这当是象棋的最初形式。我们看象棋中的将（帅）、车、马、士、卒（兵）这几个子，显然是先秦时代的遗制。战国以前，中原作战主要以战车为主，而且整个春秋战国时期的军队中有甲士、徒卒（或徒兵）的编制，而象棋中的某些子正是形象地仿此而作。在形成于战国时期的《招魂》一诗中，在描写当时楚国的生活、娱乐时，曾留下了"菎蔽象棊（棋），有（又）六博些。分曹并进，遒相迫些。成枭而牟，呼五白些"的句子，其所讲的是"象棋"和"六博"两种棋类游戏。句中"分曹并进，遒相迫些"是叙述棋子分成二群，相互攻守胁迫，是描写象棋活动的场面。因此，从《招魂》一诗中，我们就可看出战国时期的楚国已经流行象棋了。

与围棋相比较,象棋是一种俗雅共赏且普及更广的棋艺活动。它于创始以来虽为广大群众所喜好,但古代帝王及文人学士对此多轻视而认为"不足道",因此古代典籍中关于象棋的记述甚少。在魏晋南北朝时期,民间曾流行一种"象戏"的棋类活动。这种象戏的棋盘为正方形,并有马、"符"(即象棋中的兵卒)等棋子。北周武帝宇文邕对这种象戏进行了总结和改进,并将规则及要旨亲自写成《象经》固定下来,还在天和三年(568年)召集百官演示推广。这种象戏的流行和推广,为象棋的最终定型奠定了基础。

隋唐时期,隋文帝不赞成象戏,但唐代开国后,太宗李世民却加以提倡,并出现了新的突破。太宗的才人武则天就是个象棋迷,她连做梦也与天女下棋。唐代中叶以后,象棋有了进一步的发展,唐肃宗时的丞相牛僧孺在其所著的《玄怪录》一书中曾记述了这样一个"鬼话":唐代宗宝应元年(762年)的一天晚上,汝南人岑顺客居在陕州的一所废宅中。睡梦中他见天那军与金象军两军相争,双方你来我往,只见墙壁下的老鼠洞化作了城门。激战中天那军大败,天那国王逃到了西南角。后来岑家人根据岑顺梦中的情景,顺着老鼠洞开挖,发现了一座古墓。墓深八九尺,墓前有金属制成的棋局,棋盘上摆满了各个兵种的棋子,都是由全铜做成的立体象形棋子。于是明白梦中军师所说之词,是象戏两军相争的情况。"鬼话"中提到岑顺梦中所见的象戏两军,有王、军师,而军师所说的"天马斜飞度三止,上将横行系四方,辎车直入无回翔，六甲次第不乖行"，表明还有天马、上将、辎车、六甲四个兵种的棋子，它们的着法分别与现代象棋中的马、象、车、兵相当。由于"鬼话"故事发生在唐代宗宝应元年，故后世称这种象戏为"宝应象棋"。宝应象棋里实际上已有王、军师、马、象、车、兵六种棋子，与现在流行的象棋已经非常相似了。

炮，是现代象棋中的一个重要组成部分。那么，它是什么时期开始进入象棋中的呢？一般人认为，炮是宋代才增入的，理由是真正的火器（包括火炮）是在宋代出现的。但是，众所周知，象棋中的炮，一直写作"砲"，从石而不从火。砲，古写作"礮"，始见于西晋潘岳《闲居赋》之"礮石雷骇，激石虻（音máng）飞"。唐李善注："礮石，今之抛石也。"即所谓"机发飞石"，三国时称为"霹雳车"。这种砲从春秋至唐一直在使用着，而象棋中的"砲"，就是来自机发飞石之砲，而不是宋代以后的火炮。据元代和尚念常所著《藏经·佛祖历代通载》所记，古时神农氏以日月星辰为象，唐相国牛僧孺用车、马、士、卒加炮，创制了象棋这种模拟兵机的游戏。联系古代由"砲"至"炮"的变化，可以说，炮最晚在唐代中叶以前，就已经出现在象棋中了。

经过一系列的变化调整，在"宝应象棋"的基础上，至北宋时出现了与今日体制、规则相同的象棋。根据宋人尹洙撰《象棋》，司马光撰《七国象棋》，以及晁补之撰《广象戏图》的记述推断，北宋流行的象棋活动大体有如下3种。

第一种：有将、士、象、马、车、炮、卒等32枚棋子。棋盘无河界，纵9路、横9路。

第二种：有将、偏、裨、卒等棋子。棋盘有河界。局道有若干格。这种象棋当时因不够通俗，仅流行于士大夫阶层之中，不为一般平民所好。

第三种：有32枚棋子，棋盘纵横各11路。据推测，这种象棋的棋盘及棋子布局应如图23所示。

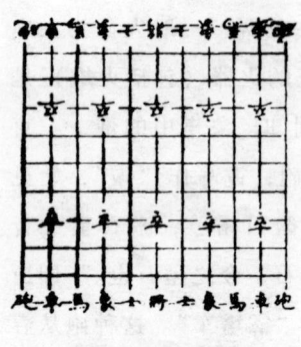

图23 象棋面局图

见俞平伯《秋荔亭墨要》。

上述第一种象棋至南宋时，增加了河界。此后，这种象棋在民间广为流传，并一直沿用下来。

南宋时的象棋，已成为当时百姓文娱活动不可缺少的内容。在宫廷的"棋待诏"中，仅象棋手就占了很大一部分，如杜黄、徐彬、林茂、尚端、上官大人、五安哥等，还有女棋手如沈姑姑。南宋的临安城（今浙江杭州）中，还有专制象棋的手艺人，"借此以为衣食之地"。表明当时的象棋已相当普及。

当时的象棋，已完全定型为现代象棋的棋制。如现存宋陈元靓《事林广记》中所录当时象棋的"二龙出海势"图局，已和现在的象棋完全一样了（见图24）。1973年8月，考古工作者在福建泉州湾的后诸港出土的南宋古船上，发现了当时木制圆形象棋子20枚。棋子的兵种有将、仕、士、车、象、马、炮、兵等，分红黑两种颜色。这些可能是当时乘客或船夫们的棋具，形制和现代象棋子已完全无异。这是象棋在宋代民间广泛开展的又一物证。

继南宋之后，象棋在明代又有了大的发展。尤其是明代中期以后，由于经济文化的发展，象棋也进入了一个新的阶段。此时名棋手辈出，如嘉靖进士李开先就是当时著名的象棋国手之一。棋艺家陈珍"以象棋擅名，举世无以抗衡者"。明末棋手朱晋桢曾在棋坛驰骋30余年，"称无敌者"。他所辑《桔中秘》象棋谱四卷，是对明几百年棋艺术的一次总结，对后世象棋的发展颇有影响。

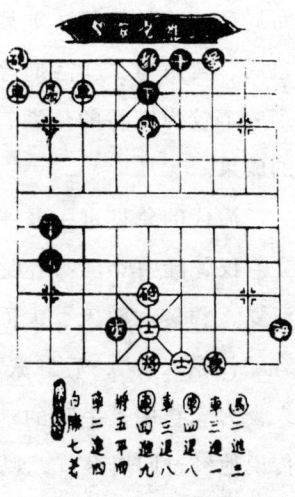

图24 宋"二龙出海势"棋局

见《事林广记》。

随着象棋的普及，象棋的棋艺著作也得到了繁荣发展，出现了许多棋谱。现存的明代残排局象棋谱有《梦入神机》、《金鹏变法象棋谱》和《适情雅趣》等5种。其中《适情雅趣》中除了收入《金鹏十八变》的全局着法以外，还保存有精妙残局杀势551局，是我国象棋谱中收入残排局棋谱局数最多、规模最大、内容最丰富的一部巨著。此外，明代著名的全局谱还有《自出洞来无敌手》、《金鹏十八变》和上面提到的《桔中秘》三种。从这些棋谱中，可以看出当时的种种布局都已略具规模,如顺手炮、列手炮、屏风马、飞象局、转角马、过宫炮等,对它们的研究,已经形成了一个较为完整的体系,反映了明人对象棋深入探索的成果。

清代的象棋进一步平民化,且名手众多,棋派林立。仅乾隆中叶,就出现了毗陵、吴中、武林、洪都、江夏、彝陵、顺天、大同、中州九大棋派,前六派拥有"江东八俊",后三派首领称"河北三杰"。而被时人誉为"棋中圣手"的毗陵派周廷梅,更是技压群雄,传说他经过四川奉节,观看诸葛亮"八阵图"遗址时,悟出了棋理,从此无敌于天下。清代的象棋谱,就其数量而言虽稍逊于明代,但也多是精湛之作。其中康熙国手王再越,在明代棋谱《桔中秘》成就的基础上,撰就了《梅花谱》,使象棋开局从斗炮的习惯模式中脱颖而出,进入了当头炮对屏风马的新领域。再如留传下来的《韬略元机》、《百局象棋谱》、《竹香斋象棋谱》及《心武残编》,被称为清代四大著名残排局谱,《吴兆龙象棋谱》和《石杨遗局》是清代具有代表性的对局集。这些象棋谱对于近代和当代象棋的发展及棋艺水平的提高起到了不可磨灭的重要作用。

 **弹棋**

弹棋,是西汉末开始流行的一种古代棋戏,最初主要在宫廷和士大夫中间盛行。弹棋源于何时,尚无一致结论,但大都认为是在汉代。晋人葛洪的《西京

杂记》，曾对弹棋的创始作了记述。该书卷二云："（汉）成帝好蹴鞠，群臣以蹴鞠为劳体，非至尊所宜。帝曰：'朕好之，可择似而不劳者奏之。'家君（指刘向）作弹棋以献，帝大悦，赐青羔裘、紫丝履，服以朝觐。"从这里我们看出，弹棋系士大夫阶层所创，并因以解决"劳体"问题而取代蹴鞠引入了宫禁中。同时，还参照蹴鞠对其局势、规则作了某些改造。

弹棋初创时，仅流行于宫中，社会上还鲜有所见。王莽新政末年，南方大饥，绿林发难于南，赤眉造反于东，农民起义推翻了王莽政权。尔后，刘秀乘机而起，杀赤眉军，建立起东汉政权。在此大乱之年，弹棋由宫廷自然流入民间。直至东汉章帝时，弹棋方在宫禁中复盛。自此，喜好弹棋的人士越来越多，汉代蔡邕、魏文帝曹丕、夏侯惇（音 dūn）、梁简文帝和元帝以及北齐的颜之推等人皆是弹棋名手，且以诗赋咏弹棋，或撰文论述之，为弹棋的推广普及作出了贡献。

弹棋所用棋局，根据魏文帝《弹棋赋》所描绘："局则荆山妙璞，发藻扬晖，丰腹高隆，庳根四颓，平如砥砺，滑若柔荑。"即是说，棋局采用华美的璞玉料精工做成。正方形，局中心高隆，四周平如砥砺，光彩映人。至于所用棋子，一般用"玄木北干，素树西枝"等木质精制而成。弹棋的玩法，按照晋人徐广《弹棋经》的记载，是"二人对局，黑白各六枚，先列棋相当，下呼上击之"。也就是说以自己的棋子击弹对方的棋子。但具体的对局方法，由于文献记载阙如，还不是太清楚。

唐代，是我国古代弹棋史上发展的一个高峰。这种靠技巧取胜的棋类游戏，不断成为文人吟咏的对象，杜甫、白居易、李贺、王涯、韦应物等均有诗作。王涯《宫词》中的"向晚移镫上银簟，丛丛绿鬓坐弹棋"，正是对在唐代广泛流行的弹棋的绝好描绘。北宋时的沈括曾看过一卷《弹棋谱》，他认为此谱"盖唐人所为"，反映了唐代弹棋盛行的面貌，尤其是读书人，对弹棋的喜爱已成了他们休闲时的主要娱乐。柳宗元《弹棋序》中说："房生直温与予二弟游，皆好学，予病其确也，思所以休息之者。"因而教他们玩弹棋游戏。正是由于弹棋如此盛行，使得唐代弹棋高手辈出，不减汉魏时代。李欣的《弹棋歌》云："崔侯善弹棋，巧妙尽于此……坐中齐声称绝艺。"由此可见，唐代弹棋的水平已有相当高度。

唐代的弹棋，在棋型、布局和行棋步骤等方面，基本上因袭汉魏旧式，但也出现了一定的变革。棋局的形制，据唐代卢谕《弹棋赋》所述，为"下方广以法地，上圆高以象天。起而能伏，危而不悬，四隅咸举，四达无偏，居中谓之丰腹，在末谓之缘边。"其棋局中间为圆顶，象征着天，局的四边代表地，与我国古代人认为天圆地方的观念相适应。这样增加了弹棋的复杂性，因而在游戏方法上也发生了许多变化。上述唐代弹棋局未能留下实物或图式，但是我们从当时传入日本，经过变化，盘式由四面变为两面的弹棋局，约略可以窥知唐代弹棋局的形制（见图25）。

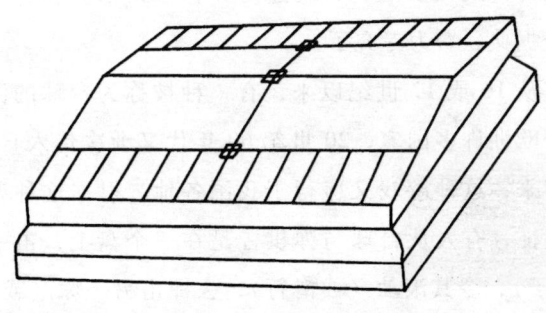

图25　日本　弹棋盘

唐代的棋子仍系木制或象牙雕刻而成。但棋子的数量已增至24枚，二人对局，每人12枚。上引日本弹棋局，每边设局道12条，可能就是用棋子24枚的弹棋。唐代大文学家柳宗元作《弹棋序》对24子弹棋进行了解释："置棋二十有四，贵者半，贱者半；贵曰上，贱曰下，咸自第一至十二"。每一方的12枚棋子中，又分贵贱子各6枚。玩时，大约是以一方的棋子击对方的棋子。柳文接着又写道："下者二乃敌一，用朱、墨以别焉……既而抵戏者二人，则视其贱者而贱之，贵者而贵之。其使之击触也，必先贱者，不得已而使贵者"。在24子中一半是红色，即所说的"贵子"，一半是黑色，即所说的"贱子"。玩棋的人都应先以贱子去击触对方的子，不得已才用贵子。唐以前的弹棋没有贵贱之别，上下之分，入唐以后，小小的弹棋竟成了一庞大的等级社会的缩影。

到了宋代，也许是由于围棋、象棋的特别兴盛，流行了几百年时间的弹棋突然销声匿迹，其玩法也从此失传。到元明之时，就连博弈行家语及弹棋，也要引经据典，费力考究了。

从 16 或 17 世纪以来，有一种被称为台球的游戏风靡欧洲许多国家，20 世纪 60 年代又渐次传入日本。近年来，这种游戏又盛行于我国各地。根据这种游戏的特征，有人从台球与弹棋皆是在一个盘上，击一球（或子），令其滚动（或滑行），去撞击另一球（或子）的玩法，提出二者具有渊源关系。至于弹棋局中间高四面低，台球则一马平川，弹棋以手弹子，而台球则以杖击球的不同点，正体现了由弹棋到台球的变化发展。其间的演化、传播和发展轨迹，因史料所限，尚难以明之。

 六博

六博，又作六簙、陆博，是一种掷采行棋角胜的古老博戏。六博的出现，比中国象棋要早得多，大约在春秋时期就已经存在了，到了战国时期已相当流行。楚辞《招魂》中有云："菎蔽象棋，有六博些。分曹并进，遒相迫些。"反映出战国前后在荆楚一带已流行着六博棋。《史记·苏秦列传》在描写齐国都城临淄繁荣的景况时，也提到当地许多人群在"斗鸡走狗，六博蹋鞠"。这些记述表明六博游戏在当时已相当普及了。

秦、汉是我国多种游戏产生和发展的时期，六博

在这一时期也得到更加广泛的传播。上至贵族官僚，下至黎民百姓无不乐于此道，成为宫廷和民间喜闻乐见的棋戏之一，并出现了一些与六博相关的有趣故事。《说苑·正谏篇》记载秦初人嫪毐（音 làoǎi）被封为长信侯后，以太上皇自居。在秦王嬴政行冠礼的宴会上，设六博助兴，博戏中嫪毐管不住自己那三寸舌头，口出狂言，结果是落得满门抄斩。汉代景帝时发生的"吴楚七国之乱"，其中也不能说没有六博的因素。景帝为太子时就喜好六博，一次同吴王刘濞的儿子博戏时发生口角，竟提起博局砸向吴太子，造出了一场命案，从此刘濞怀恨在心。到景帝登基的第三年，刘濞终于联合楚、赵诸王，以"清君侧"为名举兵叛乱。这些事件，从侧面反映出当时上层王公贵族好为六博的风尚。

晋人葛洪在《西京杂记》中曾记载了这样一件事："许博昌，安陵人也，善陆博，窦婴好之，常与居处。"其间，许博昌创编了一套六博棋的棋术口诀，使得"三辅儿童皆诵之"。后来，"又作《六博经》一篇，今传世之"。这里向我们展示了当时民间对博戏的喜好，以至连京师周围的小孩子都能顺口而歌六博诀。而《六博经》的出现，则是汉代六博游戏发展的又一显证。

汉代还出现了一些专以博戏为业的人，这些人被称为"博徒"。如《后汉书·许升娄传》就称"（吴许）升，少为博徒，不理操行"。《盐铁论·授时》亦言当时"博戏驰逐之徒，皆富人子弟"。这种情况一直延续到三国时期,以至达到了因"好玩博弈"而"废事弃业,忘寝与食"的地步。

当时博戏的盛况,在考古资料中有着较多的反映。20世纪70年代中期,湖北云梦睡虎地11号和13号秦墓中都发现了六博棋局。其中11号墓出土的博局接近方形,长32厘米、宽29厘米、高2厘米,局面阴刻道纹、方框和4个圆点。同出漆黑的棋子12颗,6颗为长方形,另6颗为方形。并有用半边细竹管填以金属粉制成的长约23.5厘米的箸6根(见图26)。这副棋

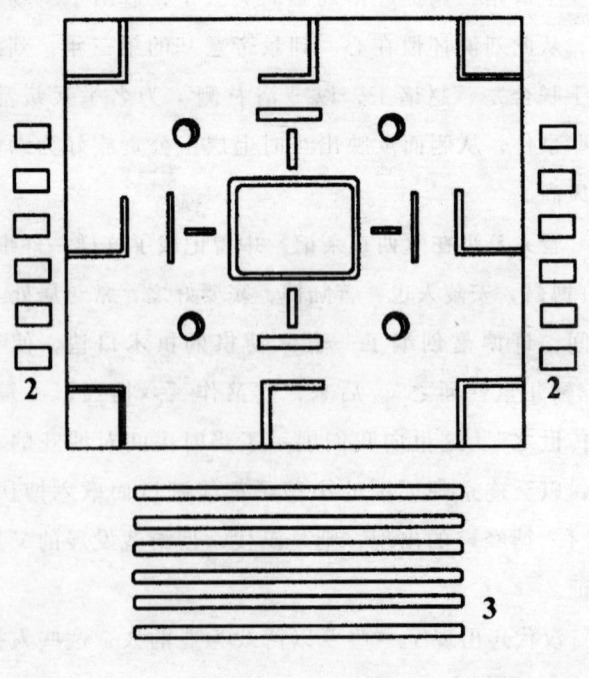

图26 秦 六博棋具

1. 局 2. 棋子 3. 箸
湖北云梦 M_{11} 出土。

局，可以使我们对春秋战国以来的六博棋有更为完整的认识。在汉代的画像石、画像砖以及铜镜纹饰中，也有许多反映当时六博的图案。如四川成都市郊出土的《仙人六博》画像砖，图中两仙人肩披羽饰，相对博弈。背景上有仙草、凤鸟为陪衬（见图27）。这类"仙人六博"，是汉画中的常见题材，它与曹植《仙人篇》"仙人揽六箸，对博太山隅"以及南朝陈张正见《神仙篇》中的"已见玉女笑投壶，复睹仙童欣六博"等文字正相吻合，人们把玩六博看成是神仙过的日子，可见六博这一棋戏在当时的影响之深。

图27 汉 仙人六博画像石拓本

四川成都市郊出土。

由以上资料可以看出，一套完整的六博棋，应包括棋局、棋子、箸（即后世所称的骰子）。另外还有博筹，用于记录对博者的输赢情况。六博的行棋方法主要包括大博和小博两种。西汉及其以前的博法为大博，此法以杀"枭"为胜，即对博的双方各在己方棋盘的曲道上排列好六枚棋子，其中一枚代表"枭"，五枚称作"散"，以"枭"为大。用"箸"六个。对博时，双方先轮流掷箸，再根据掷得的"箸"的数量多少行棋。数越大，走的棋步越多。六博行棋时，双方要互相逼迫，"枭"一得即可吃掉对方的"散"。同时，"枭"在己方"散"的配合下，调兵遣将，争取时机杀掉对方的"枭"。对博的胜负以杀"枭"来决定，即《韩非子》中所言"博者贵枭，胜者必杀枭"，这一点和象棋中以杀将夺帅为胜相类似。东汉时期，对六博的形制进行了革新，出现了两茕（音qióng）（与箸的作用一样）的小博。这种博法是一方执白棋6枚，一方执黑棋6枚，此外双方还各有一枚圆形棋子，称作"鱼"，将它们分别布于棋盘12曲格道上，两头当中名为"水"，"鱼"便置于"水"中。行棋的多少是根据掷茕的数字而决定，哪一枚棋子先进到规定的位置，即可竖起，称为"骄棋"。随后这枚"骄棋"便可入于"水"中，吃掉对方的"鱼"，称为"牵鱼"。每牵一次鱼，可获博筹两根，如能首先牵到三次鱼，得六根博筹，即算获胜。有关这类博法的形象资料，见于河南灵宝东汉墓出土的一套绿釉博棋俑。在一张坐榻上置长方盘，盘的半边摆有6根长条形算筹，另半边置方形博局。博局上每边有6枚方形棋子，中间有两枚圆形的"鱼"。坐榻两旁跪坐二俑对局，左边一人双手向上前举，似乎在拍手叫好，右边一人两手摊开，形象逼真。

六博最初是一种带有比赛性质的娱乐活动，后来逐渐发展成一种赌博手段。在中国，随着六博赌博化趋势的加强，在博法上原先六筹得胜的计算容量，已远远满足不了博徒心理的需要。人们的注意力及胜负判断已主要集中在掷箸（即掷采）这一步骤上，侥幸心理与求财动机如影随形，"博"与"赌"渐渐结为一体。这样一来，失去了大众化的六博在汉代以后逐渐呈衰势，进入晋代后便销声匿迹了。在国外，随着汉代"丝绸之路"的开辟，六博戏也传了出去。东晋、十六国时已传至印度。不过，在隋唐以后，传至国外的六博戏也逐渐地消失了。

 双陆

在我国古代的博戏中，除了六博以外，还有一种叫"双陆"的盘局游戏曾经风行一时。这种棋戏在古代又叫"握槊"、"长行"，另外还有"波罗塞戏"的别名。关于双陆在中国的出现，有着多种说法。《事物纪原》一书说，三国时曹魏"陈思王曹子建制双陆，置投子二"。而《山樵暇语》则认为"双陆出天竺（今印度）……其流入中国则自曹植始之也"。上述两种看法虽在双陆的起源方面相异，但均以汉魏之际作为在中国出现的始发点，表明双陆这一棋戏于三国时已在中国流行了。宋人洪遵著有《谱双》一书，其中将双陆分为北双陆、南双陆、大食双陆、真腊双陆等多种制式，其棋盘刻线均不相同。从这一点来分析，双陆当是舶来之品，传入日久，才化入民族文化之中，

成为中华古游戏。

　　双陆传入中国后，流行于曹魏，盛于南北朝、隋、唐以迄宋、元时期。但隋以前的史籍中，谈及双陆者鲜见，到了唐朝，记载才多起来。《旧唐书·后妃传》记载：武三思进入宫中，被升为御床，有一次和韦后打双陆，唐中宗就在一旁为他们点筹进行娱乐游戏。唐代张读的《宣室志》里还记述了这样一个故事：有个秀才一天在洛阳城内的一处空宅中借宿，睡梦中看见堂中走出道士、和尚各15人，排作6行；另有两个怪物出现，各有21个洞眼，其中四眼闪动着红光。道士和和尚在怪物的指挥下或奔或走，分布四方，聚散无常。每当一人单行时，常被对方的人众击倒而离开。第二天，秀才在堂上寻找，结果从壁角中发现双陆子30枚、骰子一对，才明白了原委。从这则故事中，我们看出流行于唐时双陆的大略形制。

　　在日本，现存有一部叫做《双陆锦囊钞》的书，书中简要地述说了双陆的玩法。日本的双陆是唐朝时传入的，因此，其格式和行棋方法完全照搬唐式。根据书中所述，一套双陆主要包括棋盘，黑白棋子各15枚，骰子2枚。其中棋盘上面刻有对等的12竖线；骰子呈六面体，分别刻有从一到六的数值。玩时，首先掷出2骰，骰子顶面所显示的值是几，便行进几步。先将全部己方15枚棋子走进最后的6条刻线以内者，即获全胜。由于这种棋戏进退幅度大，胜负转换易，因而带有极强的趣味性和偶然性。

　　宋代，双陆在各地更为普及。当时，北方的酒楼茶馆里，往往设有双陆盘，供人们边品茶边玩双陆。这时的城市中还出现了双陆的赌博组织，一般在双陆赌博时均设有筹，以筹之多少赌得钱财，外人入赌，还有优惠条件，如预先受饶 3～4 筹（胜一局双陆至多得 2 筹）等，可以想见赌博组织中高手的实力。这时的双陆形制与打法和唐代差别不大，宋末元初人陈元靓在《事林广记》一书中曾刻入了当时流行的"打双陆图"，对双陆的格式、布局有着形象的表现（见图28）。

图 28　元　打双陆图

见《事林广记》。

1974 年，辽宁法库县叶茂台 7 号辽墓中出土了一副双陆棋具。其棋盘长 52.8 厘米，宽 25.4 厘米，左右两个长边各以骨片嵌制了 12 个圆形的"路"标和一个新月形的"门"标。棋子为尖顶平底，中有束腰，高 4.6 厘米，底径 2.5 厘米，共 30 枚，一半为白子，一半施黑漆为黑子。两枚骰子出土时已朽。这副双陆棋具与《事林广记》中的"打双陆图"形制相一致，反映出当时北方的契丹人中也盛行双陆游戏。

双陆在元代属于一种"才子型"的游戏，为文人及风流子弟所喜爱，像诗人柳贯、曲家周德清、戏剧家关汉卿等均有咏颂双陆的佳作传世。及至明、清，双陆仍有流传，不过已略呈衰势。在《金瓶梅》、《镜花缘》及《风筝误》等小说、剧本中尚有提及。大概是由于象棋的盛行，双陆这一在中国古代流行了两千余年的博戏便逐渐地不那么时兴了，以至最终失传。

七 "泳之游之"、"行冰如飞"
——源远流长的水嬉和冰嬉

我国疆域辽阔,南北跨温、热两大气候带,气候变化万千,地理环境千姿百态。既有波涛滚滚的长江大河、星罗棋布的湖泊水泽,更有千里冰封、万里雪飘的冰雪世界。这种自然条件,使我们的祖先从一开始就与水、与冰、与雪的世界结下了不解之缘。

水,是人类生活中所不可缺少的。自古以来,人类就生活在布满江、河、湖、海的大地上,与水的交往已有了漫长的历史。从原始社会的渔猎生活开始,人类就逐渐地利用水,并创造了各种向大自然作斗争和获取生活资料的技能。正是这种近水的生活,使远古的人们在生存中掌握了水性,久而久之,一系列的水上活动,如游泳、赛船等相继出现并日渐发展。尔后,由于战争的需要,这些水上活动又成为水军的训练项目。民间的进一步普及和军事上的需要及严格的军事训练,提高了水上活动的技术水平,在日后的发展过程中,又不断地从其他游戏、技艺中借鉴和吸收,形成了以游泳、跳水和龙舟竞渡等为代表的古代水上体育活动，这就是古代人所称的水嬉。

与水嬉有着密切关系的冰嬉，是古代冰上活动的总称。它是我国古代北方地区特有的体育活动，在隋唐时期的女真族中，就已经出现了利用"竹马"在冰上滑行的冰上活动。至宋代，有关的冰嬉游戏较为兴盛，《宋史·礼志》里就有皇帝"幸后苑观花，作冰嬉"的记载。明清时期，特别是北方民族入主中原之后，也把冰嬉带入中原，与中原北方较寒冷地区所流行的一些冰雪游戏相结合，逐步地形成了滑冰、滑雪及其他冰雪活动的一系列嬉戏项目。清代的北京是这种文化结合的热点地带，其冰嬉内容丰富多彩，呈一代之盛。清政府还把冰嬉纳入兵家，将一系列冰上运动视为军事训练，并设"冰鞋处"进行专门管辖。及至晚清，政府还每年对冰嬉活动进行检阅，但其中军事训练的目的已经逐渐淡薄下去，那本来带有游戏色彩的冰嬉运动项目，就真的变为纯粹的冰雪运动游戏了。直至中华人民共和国成立后，冰嬉游戏才逐步发展成全新的体育运动项目。

游泳

在《易经》泰卦中，有这样一条爻辞："包荒，用冯河，不遐遗。""包荒"即葫芦，"冯河"指渡江。意思是说，把剜空的葫芦绑在身上渡河，不致沉入水底。这种依靠一定工具来击水渡河的方法，反映出原始时期的人类已逐渐掌握了游泳技能。中国最早的一部诗歌集《诗经》中还出现了描写游泳的诗句:"就其深矣,方之舟之。就其浅矣,泳之游之。"遇到水深的地方就乘木筏或乘船摆渡过去,而在水浅的地方就潜水或浮水渡过去。可见,远在2500多年以前,人们的游泳技术已达到了一定水平。随着时间的推移,人们在水中的本领越来越强,而游泳与人类社会的关系也越来越密切,并不断在战争、生产和娱乐中开始发挥重要作用。

春秋战国时期,南方各诸侯国相继建立了水师,实行舟战,游泳也即成为水兵训练中必不可少的内容。兵书《六韬·奇兵篇》说"奇技者,所以越深水渡江河也;强弩长兵者,所以逾水战也",把越深水渡江河的本领称为"奇技"。《管子》一书也记载了这样一条史料:齐桓公为了对付吴越强大的水军,按照管仲的建议,在河上筑堤坝修建大规模的游泳场,水深十仞,并下令"能游者赐千金"。训练出善游泳的士卒5万人,打败了越国的水师。现藏于故宫博物院战国时期的《宴乐渔猎攻战纹铜壶》上面,就有表现当时人鱼共游的画面,其人的游泳姿势协调自然,类似现在的自由泳姿势。

在作为军事训练项目开展的同时,游泳活动在民间同样也有了一定程度的普及。在《庄子·达生》篇中,有一个反映民间善于游泳者的故事:吕梁之水,从百丈的绝壁上飞瀑而下,河中波涛滚滚,激湍腾沫,鼋鼍鱼鳖都不能游。一次孔子站在吕梁水滨,见一人在水中翻腾,以为他要溺水而死,就令弟子随波拯救,没想到那个人忽然在百步之外浮出水面,并披发高歌,逍遥自在,遨游岸下,胜似闲庭信步。如此高超的游泳技术,说明游者已熟练地掌握了游泳的诀窍及水的特性。

游泳中的泅水技术,在我国古代出现也很早,秦始皇扫平诸侯后,为了炫耀自己的文治武功,巩固统一的封建王朝,开始了四方巡游。《史记》说他到了今天的鲁南一带,听人告之这里的泗水河还沉没着一只周代的铜鼎,于是"斋戒祷祠,欲出周鼎泗水"。他迫不及待地"使千人没水求之,弗得"。这种游泳技术,在后来得到了更进一步的发展。汉代沿海的合浦郡盛产珍珠,当时入海采珠就采用了游泳中的泅水技术。这类水上生产活动,为水上运动的普及创造了条件。

秦汉以后,水上活动日益兴盛,并出现过许多游泳能手。《晋书·周处传》记述勇士周处善游敢拼,一次,他"投水搏蛟,蛟或沉或浮,行数十里,而处(周处)与之俱,经三日三夜,人谓死,皆相庆贺,处果杀蛟而返"。能够在水中与蛟龙搏斗三天三夜,可见其游泳技术已有极高的水平。地处我国西北部的敦煌莫高窟,有着反映各个时期社会生活的形象画面。在编号为257窟的后部平基顶上,就绘有北魏时代的游泳图像。4个畅游于水中的健儿,有的手臂高高地扬起,像是在同时拨水,仿佛现在的蝶泳动作;有的两手前撩后划,又有点像今天自由泳的意思(见图29)。

弄潮,是包括游泳在内的大型水上活动。宋代,弄潮活动达到了高潮。吴自牧《武林旧事》中记录了

七 「泳之游之」、「行冰如飞」

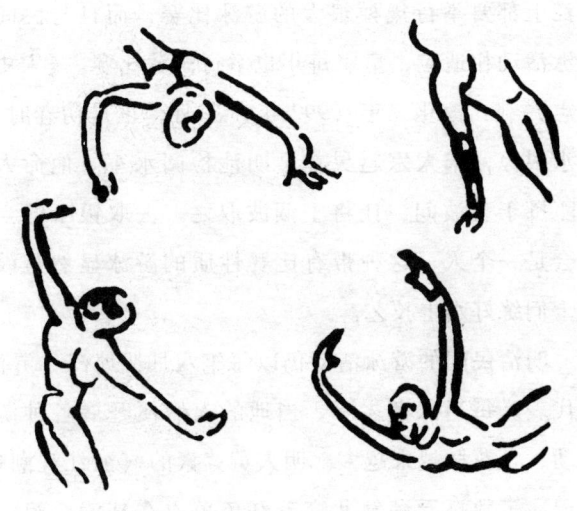

图29　北魏　游泳壁画摹本

甘肃敦煌莫高窟第257窟。

吴儿弄潮的壮观景象："浙江之潮，天下之伟观也。"在这"际天而来"、"吞天沃日"的潮水中，"吴儿善泅者数百，皆披发文身，手持十幅大彩旗，争先鼓勇，溯迎而上，出没于鲸波万仞中，腾身百变，而旗尾略不沾湿。"这些弄潮儿的技艺和胆量，确实值得钦佩。宋代的一些文人在看了这些弄潮儿表演之后，也为之触目惊心。南宋词人辛弃疾在回忆这一壮观场面时，曾留下了这样的词句："吴儿不怕蛟龙怒，风波平步，看红旆惊飞，跳鱼直上，蹙踏浪花舞。"游泳健儿的高超技艺跃然纸上。

我国的游泳比赛始于汉魏时期，那时已经有端午节举行游泳比赛的民间习俗。每次举行这种比赛时盛况非凡，参加的人数很多。唐宋时，每年端午节在钱塘江上都要举行规模很大的游泳比赛，而且与民间的游泳活动相适应，皇家每年也举行游泳比赛。《宋史·礼志》载：淳化三年（992年）三月，正是初春时节，河水很凉，宋太宗赵炅在金明池检阅水军。他命人将银瓯掷于碧波间，让将士泅波取之。去取银瓯的当然不会是一个人，这种带有比赛性质的游泳显然是鼓励将士们练好水上技艺。

明清民间的游泳活动仍以每年八月钱塘江"弄潮"为代表。每当涨潮之际，当地的人们便开展各种游泳活动，且花样越来越多。明人黄尊素的《浙江观潮赋》就记述了数百弄潮健儿穿着红色单衣在狂涛巨浪中表演各种奇技的惊险场面。《西湖志》说，弄潮活动中，游泳健儿百余人手持彩旗，先游至海门迎接巨潮，然后在滚滚潮水中翻腾出没。还有人在水上表演"踏滚木"及"水傀儡"、"水百戏"等，这是游泳与杂技的综合技艺。除了江南一带的多水地区，就是北方，这时的游泳活动也有一定程度的开展。清末南海人关赓麟作《都门竹枝词》，有咏北京人春泳的一首诗，诗中写道："游泳新成石白池，分曹竞赛树红旗。解衣终却春波冷，依旧看人作水嬉。"这大约是一次民间的游泳比赛，而对这位南国的游子来说，看到北方人游泳，身上发痒，很想比试一下，最后终因怕冷而作罢，只得眼巴巴地看别人尽情地畅游于水中。在西藏日喀则扎什伦布寺，保存着一幅距今500多年前的游泳壁画，其游泳者拨水、仰泳的姿势形象逼真。看来，就是在被人们誉为"世界屋脊"的青藏高原，人们也已经掌握了相当高超的游泳技术。

在民间游泳活动开展的同时,作为一种军队的训练项目,游泳也得到了重视。如明代抗倭名将戚继光十分重视水战,以游泳等水上项目训练水军以迎击入侵的倭寇。茅元仪《武备志》中记载了明代的水军,是从善于游泳的"沙民"中选出的,因为这些"沙民"生长在海滨,熟知水性,出入波涛之中如履平地。在清末沿海军民抵御海盗的战斗中,更显示了游泳的重要性。顾翰的《俞家庄歌》一诗,就讲到了浙江嵊(音 shèng)县(今嵊州)俞家庄渔民在反抗入侵者的斗争中,凭着高超的水上功夫,携带草绳等物潜泳至敌人的轮船底部,缠绕机具,从而战胜了敌人。

中国古代的游泳活动就是这样,在民间和军队训练的结合中,相互促进,共同发展。悠久的历史,丰富的内容,使其成为具有民族特色的传统体育项目。

 **跳水**

关于跳水的产生,很早以前曾有这样一个传说:在海边居住着一个年轻的渔民,他是个捕鱼能手,又是一个游泳健儿。有一天,他看到在海岸边高高的悬崖上有一只水鸟在注视着无垠碧波。突然,水鸟发现一条鱼游了过来,于是它展开双翅,从悬崖上直扑下去,钻入水中,然后叼着鱼又飞回原来的悬崖上。这个渔民在多次观看水鸟展开双翅扑入海水中的灵巧优美动作后,决心模仿水鸟捕鱼的姿势试跳一次。于是,

他爬上了一个不太高的悬崖,由那里跳入大海,捕捉鱼类,由于他跳入大海的姿势很像水鸟,既轻巧又优美,且每次投入海中从不空手而归,所以许多渔民就又模仿他的动作,跳入海中捉鱼。久而久之,逐渐形成了一种游戏形式。后来,有人把这种游戏加以改进,增添了一些民间舞蹈动作,就形成了跳水游戏。

当然,以上只是关于跳水运动产生的一个传说,但它告诉我们跳水这一水上运动形式,是随着人们观察自然现象,随着人们的生活实践而逐渐产生的。深究跳水的起源,我们可以追溯到遥远的古代。跳水是伴随着游泳技能的发展而产生的,它是游泳活动的一个辅助动作。要游泳,就要下水,走入水中或跳入水中的动作可能同时产生,当人们从岸边或船上跳入水中时,跳水的动作就产生了。这种跳跃入水的动作是跳水运动最初的开端。随着渔猎生活的需要,古代人在不同的情况下多次重复这一动作,逐步形成了一种跳水的技能。后来,在游泳技术不断提高的同时,人们不仅创造了各种游泳姿势,而且发明了水上游戏的各种形式,如拍水、踩水和投水等。投水就是我国民间流行的"扎猛子",是跳水的一种姿势。

在我国的古代典籍中关于跳水的最早记载,出现在《晋书·周处传》中,书中所说的"(周)处投水搏蛟……",即指周处投水与蛟龙搏斗,他所采取的就是"投水"这一跳水动作。我国古代的许多游泳能手,都有自己的投水姿势。唐代《因语录》中记载了唐代一个叫曹赞的人,他不但是一个身手不凡的游泳家,而且在跳水方面也有相当高超的技艺。他能够在"百尺桩上不解衣服投身而下，正坐水面，若在茵席"。穿着一身衣服从百尺高的桅杆上跳入水中，并能够悠然自得地坐在水面上，像坐在席子上一样，说明曹赞必然掌握了跳水的技巧，包括从起跳、腾空、入水等一系列动作。曹赞的跳水技艺，也许今天的跳水健儿们看了也会惊叹不已的。

到了公元12世纪初的宋代，我国出现了另一种跳水活动，即"水秋千"。水秋千原为水中打秋千的意思，是古人把秋千游戏引入水上游戏而创造的一种新的游戏。早在五代时前蜀的花蕊夫人《宫词》中，就有"内人稀见水秋千，争擘珠帘殿帐前"的诗句。五代时的水秋千尚在初创时期，因此连宫中也不是常见的，以至于那些宫女们听说有人玩水秋千，便争着分开珠帘，翘首以望。迄至宋代，水秋千发展成为一项惊险的跳水活动。当时水秋千是这样进行的：在大船上立一个高大的秋千，表演者在将秋千荡到高空的一瞬间，突然从秋千上一个跟斗跳下来，扎入水中。秋千在这里起一种活动跳台的作用。这显然是难度极大的跳水表演，不仅需要技巧，而且需要勇气。这种水秋千是宋代"百戏"中的一戏。当时流行的数十种戏中有水戏儿一类，而水戏儿就包括水秋千的跳水活动。反映宋代都城汴京（今河南开封市）生活风俗的《东京梦华录》一书，对当时水秋千跳水竞赛作了详尽的记载和生动的描述。该书《驾幸临水殿观争标锡宴》记曰："又有两画船，上立秋千，船尾百戏人上竿，左右军院虞候监教鼓笛相和。又一人上蹴秋千，将架（荡）平，筋斗掷身入水，谓'水秋千'"。这里记载的是宋徽宗赵佶（1082～1135年）曾在水殿观看的水秋千表演。当时，水殿里停泊着两只彩船，船头立着秋千，船尾有人作各种杂技表演，禁卫军官兵击鼓吹笛助兴。其中一人登上秋千，高高荡起，当身体与秋千的横架接近平行时，突然从秋千上腾空而起，在空中翻越筋斗，最后跳入水中，这实是一种别开生面的跳水表演。

明清时期，随着每年的弄潮活动，在江南多湖地区，有关的跳水活动还与游泳一起进行。特别是浙江西湖一带，在"水百戏"等水上活动中，跳水游戏还是其中的项目之一。但这类跳水，始终是一种民间游戏活动。直到20世纪30年代，现代跳水运动才在我国逐渐兴起。

8 龙舟竞渡（划船比赛）

龙舟竞渡是大半个中国和东南亚等地流行的历史悠久的水上传统体育活动。它不仅有着丰富的社会内容，而且还有着多彩的活动形式，其规模之大，参加人数之众，在传统的体育项目中是很突出的。

关于龙舟竞渡的起源有多种说法。相传，我国古代伟大的爱国诗人屈原，是战国时楚国的一位对祖国忠心耿耿的大夫，因为刚直不阿，不肯与朝廷里的昏君贪官同流合污，被放逐到汨罗江。秦昭王二十九年（公元前278年），秦国大将白起率兵攻入楚国的都城郢，屈原悲痛欲绝，他不忍心看到自己的祖国被秦国灭亡，就在五月五日这一天投汨罗江而死。当地的渔民闻讯急忙划船去救他，然而没有找到他的尸体。这种划船活动一直相沿下来，逐渐成为习俗。每年的这个时候，正是农历的端阳节，人们就聚集在江边、湖畔，举行划船比赛，来纪念这位伟大的爱国者。此外，还有一种传说是为了纪念春秋时期吴国的有功之臣伍子胥。《吴越春秋》说伍子胥因忠受谗，死后弃尸水中而成为水神，人们便以赛船来怀念他。在《越地传》一书中，还把龙舟竞渡的起源归于越王勾践。

以上三种说法，或是为了纪念历史上的忠臣而给予的附会，或是因竞渡流行的区域而与历史上某位名人相结合。实际上，龙舟竞渡活动的起源远较三者为古，其起始应与我国南方多水的自然环境有关。岭南的"百越"，远在原始社会就居住在水网地区，过着以渔猎为主的经济生活。他们断发文身，自称龙子，特别善于使舟。可以说，操舟捕鱼一类的活动，在这种地区的居民生活中，占有重要的地位，而竞渡只不过是他们水上生活的演习而已。

最初，"竞渡"之舟只是一般的小舟，直到西周，开始出现了舟与龙神崇拜结合的产物——龙舟。晋太康二年（281年）在魏襄王古墓中发现的《穆天子传》一书中，有"天子乘鸟舟、龙舟浮于大沼"的记载。当时，人们将龙的形象装饰在船上，是为了娱神、祭神和祈求神的保佑，而龙舟竞渡活动形成的契机当也是出于娱神和禳灾，亦即龙神崇拜。

春秋战国期间，战事繁兴，尤其是吴、越、楚三国，地处江南水乡，水战是其征战的主要形式之一。当地居民也习于"以船为车，以楫为马"。这对"竞渡"的发展起了很大的推动作用。如在我国西南地区和东南亚各国发现的，时代约当战国中期至东汉的石寨山式铜鼓，其多数上面都饰有"竞渡"纹。这些纹饰中船的首尾，往往装饰成鸟尾形象，船上的人皆头戴羽冠，前后排成一行，作相同的划船动作，表现的场面隆重而又热烈（见图30）。反映出这时的"竞渡"活动已相当普及了。

图30 西汉 残铜鼓竞渡纹拓本

云南晋宁出土。

秦汉魏晋之际，虽然"竞渡"少见于史书记载，但由军事水战及某些宫廷中的水嬉活动可见一斑。如汉武帝作昆明池以习水军，就有划船比赛项目；汉昭帝与宫人采莲划船，泛波戏水，说明船已在宫中作为水戏的工具被广泛使用。这也给我们一个启示，当时的民间"竞渡"活动还是比较兴盛的。

每年在民间举行的划船竞渡活动,在唐以前还没有统一的日子,有的在四月,有的在八月。大约自唐以后,才统一于五月端午节举行。整个隋唐时期,水上竞渡活动一般是水乡人民自动组织起来进行的。《旧唐书·杜亚传》说:"江南风俗,春中有竞渡之戏,方舟并进,以急趋疾进者为胜。"比赛时,岸上挤满了观众,喝彩声、号子声、锣鼓声响成一片,声震云霄。到了五代,竞渡之风愈盛,不但民间组织,官方也大力提倡。当时,各郡、县、村社每年都组织龙舟竞渡活动。一到端午日,官府即赐给竞渡组织青绸缎,并为龙舟比赛设置了锦标,就是在终点竖一竹竿,竿头上悬锦彩,竞渡优胜者夺到锦彩就称为夺标。这样一来,龙舟竞渡活动就成为了一项激烈争夺、扣人心弦的体育比赛,而这种夺标赛就是以后体育比赛中"锦标"的由来。

宋元时期的划船运动也比较活跃,一些帝王为练水军并进行娱乐,也鼓励划船。宋咸平三年(1000年),真宗在金明池观水戏,其中就有划船竞赛,且优胜者有奖。民间的端午竞渡也十分活跃,时人黄公绍在《端午竞渡棹歌十首》中,为我们勾画了一幅生动的龙舟比赛图:"看龙舟。看龙舟。两堤未斗水悠悠。一片笙歌催闹晚,忽然鼓棹起中流。""棹如飞。棹如飞。水中万鼓起潜螭,最是玉莲堂上好,跃来夺锦看吴儿。"宋画家张择端所绘《金明池争标图》及元人王振鹏的《龙舟竞渡图》,还对宋元时期都城的龙舟竞渡活动作了形象的描绘。

明、清时期，每年的龙舟竞渡活动仍以南方水乡为盛。明人王济撰《君子堂日询手镜》一书对当时的龙舟竞渡活动描述道：每年农历五月初一，竞渡活动就开始了，一直持续到初五日端午节。每次活动参加的船队有15只之多，参赛之船一般长七八丈，首尾刻画有龙形。这样的龙舟每只有队员53人，他们皆穿红衣，罩绿衫，下着短裙。其中有敲钲鼓数人，举旗一人，其余皆用船桨击水。比赛过程中，但见舟行如飞，旗舞鼓鸣，最后以最先到达终点者为胜。像这样规模宏大的竞渡活动，在当时的桂林、梧州等地每年都按例举行。

明清的宫廷也仿效这一习俗在西苑搞龙舟赛。明代万历间宫中太监刘若愚在他所著的《明宫史》中，曾记载有五月端午日皇帝临西苑，参加"斗龙舟、划船"活动的情形。清宫沿袭明宫旧事，仍于西苑龙舟竞渡，"中流九龙舟，谁肯相参差"的诗句，就是清高宗在观看西苑龙舟竞渡之后留下的著名咏唱。

龙舟竞渡，作为一种传统的娱乐项目，初当为南方水网地区的一种水上活动。后来，随着北方都市的增多而流传于黄河流域。在我国和东南亚各国，它一直流传到近代和现代。不过，随着社会的发展，龙舟竞渡习俗也发生了变化。过去那种龙舟竞渡是为了娱神、禳灾的观念逐渐淡漠并消失，龙舟上"龙"的神灵地位早已动摇。近几年来，我国各地的龙舟竞渡活动更为兴盛。在老挝和柬埔寨等国，赛龙舟还伴随着泼水节一起举行。

 滑冰与滑雪

当古代人在冰冻的河流或湖面上行走或奔跑时，由于冰面很滑，有时双脚会向前滑动。这种偶然向前滑行的动作可能使人倾斜或摔倒在地，但是它给人们一个启示：这样向前滑行不但很省力，而且速度相当快。于是产生了人类最原始的滑冰。

这样，年复一年过去了。人们从用裹着兽皮的双脚在冰上滑行，到在脚上绑扎一个小条石或者兽骨进行滑行，逐渐地产生了最原始的滑冰工具。起初，这种冰上滑行的活动只不过是古代人为了取得生活资料的一种劳动技能。后来，随着社会的发展，这种冰上活动才逐渐变成了一种民间的游戏运动形式。

冰雪运动的另一种形式——滑雪，它的产生也是古人出于维持生计，获取生活资料的需要。从人们最初在一只脚上绑以短木棍，用另一只脚助滑，到双脚绑上木棍，双手拿树枝助滑，原始的滑雪活动就产生了。而滑雪活动变成人们游戏和运动的形式，也是随着社会的发展在后来逐渐开始的。

滑冰游戏和滑雪游戏，早在隋唐时期就已被北方的一些少数民族所掌握。唐代的女真族，是由黑水靺鞨（音 mòhé）发展起来的，他们原来居住在我国东北地区的长白山以北、松花江和黑龙江流域。当时，在他们中曾出现过一种用于驰行的"竹马"，这种"竹马"在冰上滑行速度快，也很省力。滑行的方法是人

站在"竹马"上,手握一根曲棍,用力一撑就可以向前滑行十几米。这种方法与最初的滑冰方法已有很大不同,它当是在原始的滑冰基础上发展起来的一种冰上活动。关于滑雪,最早见于《隋书》的记载,书中对1400多年前居住在大兴安岭地区的室韦人所盛行的"骑木而行"活动进行了描述。这种"骑木而行"的形式,就是足踏类似于雪橇的木板,在冰雪中行走,这样不仅可以大大提高行进速度,而且可以防止陷入沟中。这种木板,一般长四尺、宽五寸,一左一右,系在两脚上,在冰雪中疾行可以追得上奔马。这种利用装备在冰雪中滑行较原始的滑雪形式显然有很大的进步,已基本具备后来滑雪运动的主要特征。

宋代,冰雪游戏更为兴盛。《宋史·礼志》中就有皇帝"幸后苑观花,作冰嬉"的记载,宫廷里的冰嬉,已成为王公大臣们经常参加的运动项目。当时,还盛行一种以人力牵拉的冰上游戏,即在木板上铺上一些垫褥之类的轻软暖和的物件,两三个人坐在上面,让一个人拉着在冰上滑行,这就是最早的冰床,它是冰上滑行的一种独特形式。直到明代,有些有钱人家的子弟还在北京的积水潭冰面上玩这种游戏。

明代的冰雪活动,在北方少数民族中得到了进一步的开展。明熹宗五年(1625年)正月初二,东北建州女真族首领努尔哈赤曾经在太子河上主持过盛大的冰上运动会。在这次运动会上,先进行了冰球表演,然后又进行了速度滑冰比赛。并规定,冠军赏银20两,亚军10两。这是我国古代第一次冰上运动会。

清朝入主中原后，将他们民族的传统体育活动冰嬉也带入内地，其内容丰富多彩，呈一代之盛。由于清政府将滑冰运动纳入军事训练，使清代成为了我国古代冰嬉发展的黄金时期。当时皇家每年冬天都要从各地挑选上千名"善走冰"的能手入宫训练，于冬至至"三九"在太液池（现在北京的北海和中南海）上表演。每逢这时，北海四周搭起彩棚，插彩旗，悬彩灯，皇帝和后妃、王公、大臣都来观赏。今北海漪澜堂就是当年乾隆皇帝以及后来的慈禧太后等观赏溜冰的地方。乾隆年间宫廷画家张为邦、姚文翰的《冰嬉图》，就是根据当时宫廷冰上表演的盛况而绘制的。

在冰嬉表演的过程中，参加的人数每次为1600名，代表着清朝八旗。检阅时分为两队：一队领队穿红马褂，队员穿红背心；另一队领队穿黄马褂，队员穿黄背心。队员的背上分别按旗籍插着正黄、正白、镶黄、镶白等小旗，膝部裹皮护膝，脚穿装有冰刀的皮靴。冰场上矗立着三座插有彩旗的高大的门，两队队员各自列成一路纵队，分别从门中穿过。场上形成两个卷云形的大圈，场面蔚为大观。从《冰嬉图》中，可以看出每人表演时要做各种动作：有花样滑冰的大蝎子、金鸡独立、哪吒闹海、双飞燕、千斤坠等；有杂技滑冰的爬竿、翻杠子、飞叉、耍刀、使棒、弄幡以及军训性质的溜冰射箭等动作。

滑冰是清代冰嬉中的主要内容，俗称"跑冰鞋（鞋）"。清政府曾把滑冰与冰上足球、摔跤等同作为守卫京城部队的军事训练项目。当时的军队还设有专门滑冰的兵种，叫"技勇冰鞋营"，滑冰的兵士叫"冰鞋"，教习滑冰技术的称"冰鞋教习"，管理滑冰的机关叫"冰鞋处"。清代滑冰活动中所用冰刀主要有单刀式和双刀式，与现在所用的简易冰刀相似。

清代的冰上运动内容丰富，形式多样。除了有大型的军事集团的冰上表演外，更多的是侧重于个人的技巧表演。其花样方式之多、技巧水平之高，达到了惊人的程度。当时较为普及的滑冰项目主要有3种：第一种是竞赛快慢的速度滑冰，仅速滑的姿势即有扁弯子式、大弯子式、大外刃式、跪冰式等，有许多姿势跟现代的速滑姿势近似；第二种是杂技滑冰和现在所称的花样滑冰，其中的"双飞燕"类似于现代双人花样滑冰的姿势；第三种是冰上踢球表演，表演过程中每队由几十人组成，按位置站好，然后将皮革制成的球抛起，球快落地时，大家飞快地滑过去争夺，得到球的队获胜，如看到自己队得不到，而对方有可能得到时就将球踢远，再去争夺。这种冰上足球最初是作为一种军训手段在军队中进行的，后来也流传到民间。20世纪20年代在什刹海和护城河上还时常有老百姓在玩这种冰上足球。

清代还有一种"打滑挞"的冰上娱乐运动。其活动方式是在滴水成冰的时节，用水浇地，在地上堆成一个三四丈高的冰堆，然后让身手矫健的兵士，穿上带毛的猪皮鞋，从上面挺身直立滑下，能顺利地滑下来不摔跤者为胜。这种活动形式在北方的民间极其常见。作为滑冰运动的一种方式，"打滑挞"要求有很高的身体平衡能力。

　　从隋唐开始兴盛的冰雪运动的另一种形式——滑雪，一直流行于北方的少数民族中间。及至明清时期，这种活动还时见于黑龙江地区的赫哲人中。在《黑龙江志稿》中曾对赫哲人滑雪的情形作了描述：赫哲人在捕追野兽时，以踏板作为奔驰的工具。每当大雪封地的季节，他们即将长五尺的两块木板绑缚在脚上，手持两长竿如划船之状以助力滑雪而行。滑行瞬息可达十余里，以此速度可以跟踪野兽之足迹，捕而食之。这种滑雪方法，可使猎人运转自如，其速度就是飞鸟也比不过。从这里可以看出，远在300多年前的赫哲人，其制造和使用的滑雪板及滑雪的方法，同现代已很相似，且技术也已相当高超。

八 "春来百种戏，天意在宜秋"
——丰富多彩的民俗游乐体育

在长达数千年的农业社会的生产方式影响下，在东方传统文化的熏陶下，一些独特的民俗游乐体育活动，诸如春游、登高、元宵观灯、放风筝、拔河、踢毽子等，在古代中国深深地扎下了根，其内容随着社会的变迁、思想文化的进步而逐渐地丰富。自它们出现以来，就与人们的社会生活、文化生活产生了密切的联系，且长盛不衰。

中国的民俗游乐体育活动，是在长期的历史演变中逐渐形成的，这就决定了民俗游乐体育活动所具有的特点和性质。首先，这类活动是季节性的节日体育活动。从这些活动的方式看，多与一年中各种季节性的节日如元宵节、寒食节、清明节、重阳节等联系在一起，成为季节性节日庆祝活动的重要组成部分。其次，这类活动又是休闲娱乐性的体育活动。古代的民俗游乐体育活动，主要是在人们的休闲之际进行的。它们能使人们在劳动之余，在一张一弛、一劳一逸的转换中增强身体素质和增进身心健康。此外，民俗游乐体育活动还具有相当的普及性。这些体育活动形式，简便易行，无论在都市还是街头村落，都能因地制宜地开展，甚至片刻之间也能进行。因此，这类活动在经济水平不同和民俗习惯相异的地区，都得到了不同程度的发展。

春游

春游，又叫踏青，是我国节令民俗活动的重要内容，源于远古农事祭祀的迎春习俗，具有相当久远的历史。早在西周时期，每当立春之时，正是万物萌发之际，大地绿草如茵，到处都是生气勃勃的一片青绿。这一天，天子要率百官去郊外举行迎春仪式，祈祷上苍保佑，鼓励农事。后来，这种活动就渐渐地成为一种礼制习俗，流传下来，并在春游的过程中进行一些其他娱乐活动，形成了一种综合性的健身和陶冶性情的运动形式。

春秋时期，春游已成为一项较为普及的活动。孔子的弟子曾皙有一次对老师说，他最喜欢在风和日丽的晚春，穿着新做的春服，和几个朋友结伴去城外的沂水游泳，到树木成荫的祭坛上沐风，然后大家一起高歌长吟而归。作为老师的孔子非常赞同学生的看法，说明孔子也是非常喜爱春游的。

汉代，基本上承袭了西周之时的迎春之礼这一习俗。在春和景明的季节里，帝王贵族们常借迎春之仪游览春色。西汉武帝，东汉明帝、章帝、和帝、安帝、灵帝及献帝都常于春季出游，郡县官吏也常以劝农鼓励人们参加春游活动。汉代还有春日采风的习俗，《汉书·食货志》说，每当春日人们一起郊游之时，朝廷往往派人手敲木铎向郊游者采集诗歌献给乐府。可见，汉代的春游活动，已不仅仅是政府劝民农桑的迎春之仪，也不仅仅只是"礼拜"而已，它在迎春演礼的基础上，又增加了许多赏心悦目的余兴节目和有意义的活动，足见汉代春游风俗之盛。

春日郊游到唐代就已经成为一种非常流行的体育娱乐活动。在首都长安，每到春天就会兴起规模盛大的春游活动。《开元天宝遗事》说春游之时的园林中，游人如织。风流的长安青年们喜欢成群结队地骑马出游，豪饮长歌。有些游兴大的富家子弟甚至在园林中设置帐篷。长安的青年妇女们也是春游的积极参加者，她们漫步在空气清新的林木中摘花折柳，遇有名园则席草坪而坐，载歌载舞，好不开心。由于大量人群春游野宴，因而，一到春日，长安的"园林、树木无闲地"。

春游在宋代形式多样，内容也更加丰富。宋代的春游活动，一般从正月初八就开始了。由于城市经济繁荣，也给春游创造了良好的条件。当时，妇女们成群结队外出游玩、赏花，名曰"踏春"，并出现了专为春游设定的节日——踏青节。宋代的学校甚至还给学生放春游假，太学放假三天，武学放假一天，让学生们痛痛快快地放松一下。

由于宋代城市的发展，民间艺人的大量出现，使得春游也与观赏杂技杂耍结合了起来。如洛阳一带，每年正月梅花开，二月桃花开，以及三月牡丹开放的时节，人们往往在花开得特别好的地方围起一个圈子，供各种杂技艺人在那里表演节目。城里的男男女女这时就带上酒菜纷纷出城，到风景秀丽的地方，边饮酒唱歌，边赏花和观看杂耍，热闹非凡。

春游，作为一项颇具特色的民俗娱乐形式，生动地反映了中华民族多种多样的体育活动特色，充满勃勃生机和趣味性。这项古老而有意义的习俗一直延续到今天。

 登高

在我国古代南朝的梁代，有一个叫吴均的人曾写过一部名为《续齐谐记》的书，书中记载了这样一个传奇性的故事：东汉末年，汝南有一个叫桓景的人，跟随道人费长房在外游学。有一天，费长房对桓景说，在九月九日重阳节这一天，汝南将有一场灾祸。为了避免这次灾难，到时候你们全家每人要做一只红布袋，里面放上茱萸，扎在手臂上，一起登上高山，然后喝菊花酒，这样就可以避免受害了。桓景就按费长房的吩咐一一照办，在九月九日重阳节带领全家上了山。傍晚，下山回家一看，只见所养的鸡犬牛羊全都死去了，全家因外出，得以幸免。从此以后，人们为了避邪，就开始了每年一度的重阳节登高活动。

当然，这只是一个迷信的说法，其实，登高这一娱乐活动已有着很久的历史了。中华大地有无数的高山峻岭，其雄伟壮丽的风光，自古以来就吸引着无数的爱好者去攀登。春秋时期的大教育家孔子就很喜欢登山，他曾经登上东山俯视鲁国，登上泰山俯视天下，并与弟子们登游于景山之上。农历九月九日是重阳节，这时，紧张忙碌的收获已经结束，天空中送来一阵阵秋风，大自然的花草树木，呈现出一年中最丰富的色彩，一幅美不胜收的秋景图。难得余暇的人们，怀着欢娱的心境，登高远望，万里江山尽收眼底，令人心旷神怡。年复一年，登高逐渐发展成一项传统的民俗体育活动。

最初的登高，仅仅是以欣赏大自然的景致为主，后来慢慢地增加了带茱萸、饮菊花酒和赏菊等活动。据说汉高祖刘邦的爱妃戚夫人被吕后残害致死后，其侍女贾某被逐出宫，嫁给平民为妻。她曾经谈起过每年九月九日在宫中饮菊花酒、吃"蓬饵"、带茱萸，以求长寿的故事。可见，至少在汉代，就已经盛行于九九重阳节带茱萸、饮菊花酒等习俗。而后来流行的重阳节登高带茱萸、喝菊花酒等，当然不是如前面传说所言的那样为了避邪，其目的则是避免登山途中毒虫、蚊蝇的干扰，是有益于健康的活动。

到了晋代，由于门阀制度确立，士族特权日益增强，达官贵人生活优裕，游山玩水的风气非常兴盛。在这个基础上，重阳登高就更为广泛了。当时重九登高的主要活动之一是采菊。晋代诗人陶潜曾为此留下了"采菊东篱下，悠然见南山"的著名诗句。登高，成为这一时期极为兴盛的一项娱乐活动。

唐代的登高风气之盛，为历代所罕见。唐代著名养生家孙思邈就把登高作为一项节日性的重要健身活动来提倡。他在《千金要方·月令》中写道，每当重阳之日，人们必带酒肴登高远眺，借游赏以畅其大志。登高活动中所饮之酒，必须以茱萸、菊花浸泡，人们尽兴豪饮而返。这项活动对身体健康很有益处，许多人在登高远眺时，还抒发了怀念故乡、故人的情怀及爱国爱乡的崇高情操。唐代诗人王维的诗句"独在异乡为异客，每逢佳节倍思亲"、"遥知兄弟登高处，遍插茱萸少一人"，就是诗人登高之际情怀流动的抒发。

登高，是一项非常普及的民俗体育活动，深受人们的喜爱。无论男女，无论平民百姓、达官贵人，都对这一活动怀有浓厚的兴趣。正因为如此，自它产生起，经过历朝历代，长盛不衰。历代文人留下了大量的以登高为题材的诗篇，成为人们传诵的千古绝句。

元宵观灯

元宵，即农历正月十五日夜。正月十五日，又称上元节，是古代祭祀"太一"的节日。在汉代，按照当时的规矩，夜间是禁止人们在街上行走的，只有正月十五的上元祭祀才能"放夜"，也就是取消宵禁，于是人们便相邀点灯出游。元宵燃灯，就是在这种祭祀活动的基础上发展起来的。

唐代,元宵点灯已逐渐成为一种定制,即所谓"金吾不禁夜"。由于家家相邀点灯,因而整个元宵之夜,彩灯点点,异彩纷呈,气势壮观宏伟,而人们的观灯就成了一种极有趣味的游乐活动。当时的元宵观灯活动,主要是在每年的正月十四、十五、十六日三夜。这是一年各种节日中参加人数最多,流行地域最广的游乐活动。这几天华灯怒放,官民同游,地不分东西南北,人不分男女老少、豪门贵族和平民百姓,人人浓妆艳抹,结伙成群上街观灯。四处车水马龙,欢声笑语不绝,一片壮观绚丽的热闹景象。

唐代的灯,绮丽多彩,形式多样。有一种叫做"火树"的灯,是在长木杆上组装许多纵横交错的支架,在每根支架上悬挂大小不同、形状各异的彩灯,形成似伞一般的圆锥形。而一种称作"山棚"的灯,比"火树"的规模还要大。它是将"火树"加以扩大,做成高达百余丈的藤棚状高台,在台上再建蓬莱、方丈、瀛洲等传说中的神山,并装上彩灯,点燃灯火后,就像一座灯山。唐玄宗先天二年(713年),在安福门外竖立的大灯,高达20丈,上面"衣以锦绮,饰以金银",装上五万盏彩灯,点燃以后如白昼一样,百里之内都可看到。"火树"、"银花"连成一片,灯树、灯花连绵不断。

唐代元宵观灯是一项全民性活动,就连长年深居内苑的宫女,也允许到大街上与老百姓一起狂欢歌舞。景龙四年(710年)正月上元夜,唐中宗李显耐不住宫中寂寞，脱下龙袍，跑到大街上"与皇后微行观灯"。至唐玄宗开元时，观灯达到了鼎盛时期。据《明皇杂录》所载，从东都到上阳宫，装点腊灯和缯彩为灯楼30间，高达150尺，上面垂挂珠玉饰物，每当微风吹来之时，"铿然成声"，所装饰之彩灯皆成龙、凤、虎、豹的形状。其规模之盛，的确可称得上中国古代最大的灯会了。

在元宵节观灯的同时，人们还开展了多种形式的文体活动。其中最引人注目的，莫过于"踏歌"。这种活动"连手而歌，以足踏地为节奏"，边跳边唱，载歌载舞，是一种文娱与体育相结合的娱乐形式。这种欢乐热烈的观灯盛会，深受人们的喜爱，同时也为不少的文人墨客提供了素材。如时人熊孺登的"汉家遗事今宵见，楚郭明灯几处张。深夜行歌声绝后，紫姑神下月苍苍。"就是描写元宵观灯盛况的一首脍炙人口的诗作。

唐代以后，元宵观灯的习俗长盛不衰。宋代，初具规模的开放性城市生活，给观灯活动奠定了一个良好的基础。如北宋观灯活动中，灯的形式更为丰富，有一种被称为"鳌山灯"的元宵灯，是把许多盏灯堆叠成山形，"六鳌海上驾山来"，作为一种吉祥的象征，更增加了观灯活动的趣味性。

明代中叶前后，我国南方城市出现了资本主义萌芽，商品经济的发达，进一步促进了城市的繁荣，社会上喜游赏、好玩乐之风很盛。元宵观灯这一民俗游乐活动，至此更为昌盛（见图31）。全国各地到处兴起了观灯热潮,出现了闽灯、苏灯、浙灯、京灯等不同的形式,而每种内又分为不同的类别。如苏灯即有"像生人物"类、"花果"类及"百族"类。

图 31　明代木刻　元宵观灯

明清时的北京,为配合元宵观灯活动还形成了专门的销售元宵灯的"灯市",至今尚有"灯市口"这一街名。京师的观灯会,其周期较以往为长,通常集贸易和各种游乐于一会。届时,凡繁华之所,多有灯会,火树银花,热闹景象,难以描绘。直到今天,元宵观灯会仍旧作为一项重大节日。

 **放风筝**

放风筝是一项古老的民俗娱乐形式。风筝,古代又称为飞鸱(音 chī)、飞鸢(音 yuān)等,因最早的

风筝是以木材制成的，因而也称"木鸢"。木鸢的发明者，据说是那位赫赫有名的公输般。公输般是春秋时鲁国人，"般"与"班"音相同，人们称其"鲁班"。《墨子·鲁问》载，鲁班曾经用竹木为材料制作了一只木喜鹊，据说可以连续飞行三日。《淮南子·齐俗》也说鲁班用竹木做了一个会飞的木鸢。由此可见，在两千多年前的春秋时期就已经有了能飞行于空中的"木鸢"、"木鹊"了。不过，在造纸术发明以前，这种竹木制的木鸢既贵又不易制作，因此在汉代以前是不可能得到普及的。

秦汉以后，由于发明了造纸术，纸制的风筝开始出现了。西汉初年，汉高祖率兵离京征伐陈豨，大将韩信想趁机造反，于是就以纸制的风筝测量未央宫的距离，准备穿地道入宫。这时的风筝叫"纸鸢"，直到南北朝时期其主要还是用于军事。

至唐代，风筝大为盛行。此时的风筝不仅是一种军事上的通信工具，而且成为广大民众的一种娱乐工具，在风筝的制作技术上也达到很高的程度。唐采在一首《纸鸢赋》中，详尽地描写了风筝的制作及放风筝时的情景：有些在高空翩翩然飞来飞去的鸟形风筝，竟然引来野雁与其做伴。唐代还出现了带有灯光和发出鸣声的形形色色的风筝。夜晚，带有灯光的风筝在空中如繁星点点。而发出鸣声的风筝，则是把竹制的、苇制的小笛、小哨放在上面，经风一吹，发出阵阵悦耳的声响。这种鸣声，远远传来，就像有人拨动古筝的琴弦，因此纸鸢就有了"风筝"这一名称。唐代的高骈有《风筝》诗云:"夜静弦声响碧空,宫商信任往来风;依稀似曲才堪听,又被移将别调中"。竹哨声犹如弦索,一任东风吹弄,奏出美妙的音乐,你刚刚被它吸引、打动,忽地又移音换调,真是变化无穷,耐人寻味。可见,这时的风筝,在制作和放飞技术上已是相当的精湛了。

宋代的放风筝,已成为民间的节令体育活动。如在每年的西湖游春活动中,断桥上、苏堤上,许多少年"竞纵纸鸢"。当时,还出现了一些以互相争胜为主的放风筝比赛,但这种比赛不是比赛放得高、放得远,而是互相勾引绞线,以绞断对方的风筝线为赢。这种斗风筝的场面十分热闹。宋代的皇帝也很喜欢放风筝,宋徽宗就曾在禁城中放风筝,有时放的风筝还落到城外的平民百姓家中。

在社会广泛开展放风筝游戏的基础上,城市中也有了专门扎制风筝和制作风筝线的小手工业者。如临安城内就有几十户出售风筝、药线的人家,还出现了许多放风筝的专业艺人等,反映出宋代放风筝活动开展的盛况。

放风筝对人的健康很有益处。放风筝要长时间地昂首仰望,还要奔跑疾走,举臂牵引,而放风筝又多是在空气新鲜的郊外。《续博物志》一书亦言小孩在放风筝时,仰头看,张着口,可散发内热,祛病除灾。这确是一种寓健身于游戏之中的有益活动。

明、清时期的放风筝活动有了更大的发展。不仅一般人家,就像《红楼梦》中所描写的宝玉、黛玉那样的文弱公子、小姐，也在大观园中放风筝。这时的放风筝活动多在清明节前后，借春日空气上升之力放飞。在各地，每到清明扫墓之际，倾城的男女老幼，纷纷携风筝到郊外，祭扫完墓之后，就在坟前进行放风筝比赛。由于放风筝活动以儿童参加的为多，因而有许多诗都是借儿童放风筝以寄意。如宋伯仁的《纸鸢》一诗："弄假如真舞碧空，吹嘘全在一丝风。惟渐尺五天将近，就在儿童掌握中。"把儿童放风筝的场景刻画得栩栩如生。

古典名著《红楼梦》的作者曹雪芹，对风筝的研究就有很深的造诣，所撰《南鹞北鸢考工记》一书，介绍了几十种风筝的扎、糊、绘和放的工艺、方法，每种都画有彩图，并配有歌诀。在清代的京师，还出现了魏元泰、哈长英及金福忠等享誉世界的风筝世家，为风筝这一民俗体育活动的发展作出了贡献。

风筝的故乡在中国。随着风筝的逐渐普及，至清代，出现了北京、山东的潍坊、江苏的南通等大的风筝活动中心。风筝把人们的憧憬和向往从祖国大地带上碧蓝的天空。作为一项传统民族体育文化，放风筝在许多古老游戏久已失传的今天，却大放异彩。

 **5 拔河**

"今岁好施钩，横街敞御楼。长绳系日住，贯索挽河流。斗力频催鼓，争都更上筹。春来百种戏，天意

在宜秋。"唐代大臣张说的这首《奉和圣制观拔河俗戏应制》诗,形象地描绘了武则天当政时民间盛行的拔河活动。

拔河,在中国古代最初又称牵钩、强钩,是一种非常吸引人的民俗游乐体育活动。相传兴起于春秋战国时期,其起源和军事训练有关。春秋末年,楚国在攻打吴越之前,为了练习水战,就以这种"牵钩"来训练士兵。这种牵钩当时主要流传于南方楚国的襄汉一带。最初是用竹皮做成一种竹索,在水战中用这种器具,使敌船在前进时不能贴近自己的船,而在敌船战败想逃脱时,又可以钩住敌船,这样两船在大江大河上你拉我扯,互相纠缠在一起,将士就可以大显身手,非得杀出个胜败来才罢休。拔河就是从楚军这种用牵钩对拉的军事训练中演变而来。后来,当地老百姓就学着军队的样子,在陆地上用绳拉扯,于是拔河就逐渐地发展成为一项民间体育活动。拔河活动先盛行于南方,以后又传到了北方,并成为元宵节和清明节的节日娱乐活动,用拔河来祈祷丰年。

拔河活动在唐代盛极一时,达到了空前的规模。唐代人封演在《封氏闻见记》中,对当时盛行的拔河活动描述说:今天的老百姓,在拔河的时候,已经不用竹索了,而是用大麻绳。这种大麻绳长有四五十丈,两头还拴着几百条小麻绳。人们把麻绳挂在胸前,分成两队相互拉好。在大麻绳的中间,立一面大旗作为界限。比赛开始之后,双方擂鼓呼号,最后以牵动对手者为胜。其参加人数之多、竞争的气氛之浓烈都是后来各代望尘莫及的。拔河特有的热烈气氛、激动人心的宏大场面，使其成为深受各个阶层喜爱的一种节日娱乐活动。710年的清明节，唐中宗李显曾叫他周围的文武百官们在一起拔河。当时也是用一根大麻绳，两头拴十几根小麻绳，每根绳上都有9个人牵拉，规定失败6次为输。宰相和驸马们被分在东边的一组，其余将相站在西边的一组。一声鼓响，两边齐力拉绳。开始时双方还僵持了一会儿，怎奈将相这一边多是上了年纪的人，结果绳子一下子被对方拉过去三四尺，仆射和少师两个人随绳跌倒了，很久没有起来，引得中宗和周围的人们大笑不止……

唐代还有女子拔河。景龙二年（708年），唐中宗就曾率领大臣在玄武门观看宫女拔河。景龙三年（709年），唐中宗又让几百名宫女于玄武门外举行拔河比赛，赛完之后，又让她们去游宫市，结果几百名宫女都乘机逃跑了。

唐玄宗时，为了"以求岁稔"，更为了"耀武于外"，曾举行了一次盛大的拔河比赛。其参加者千余人，呼声动地，观看者莫不惊骇。当时的进士薛胜为此写下了著名的《拔河赋》，绘声绘色地描写了这次盛大的拔河活动，体现了唐王朝泱泱大国的风采。在比赛期间，还有胡人外交官在座观看，唐玄宗也意欲在其面前显示大唐朝的威风。这也反映出体育比赛的气势自古以来就是显示国力的一种方式。

唐代以后，拔河活动主要在民间广泛开展，但像唐朝这样大规模的、不同种类的拔河比赛在以后各代却很少见到了。不过,作为一种民间的节日娱乐活动形式,拔河在各地一直流传至今。在一些民间的娱乐活动中,拔河还是人们普遍喜爱的形式之一。

 6 踢毽子

毽子,古代也称为鞬(音 jiān)子或箭子。踢毽子是由古代蹴鞠运动演变而来,宋代高承的《事物纪原》就说:"今时小儿以铅锡为钱,装以鸡羽,呼为箭子……亦蹴鞠之遗意也。"踢毽子究竟起自何时,已不大讲得清楚,但早在 1500 年前的北魏时,就已经有踢毽子活动在流行了。据说少林寺的第一代住持、印度来的高僧佛陀在洛阳游历时,就看见一个 12 岁的小男孩站在高高的井栏上十分灵巧地踢毽子,一口气踢了 500 下,佛陀十分惊异,就收了这个男孩做他的弟子,这就是后来有名的少林高僧慧光。一个 12 岁的孩子,站在有危险又不十分宽敞的地方,一口气踢 500 个毽子,可见其熟练程度。这也说明这种游戏在当时已十分普及了。

从宋代开始,出现了用鸡毛做成的毽子,并有专门制造毽子的手工作坊。在宋人周密的《武林旧事》一书中就载有临安城小经纪的手工业中,有"毽子、象棋、弹弓"等作坊,"每一事率数十人,各专籍以为衣食之地"。说明当时买毽子的人不少,也反映出踢毽子活动的普遍。踢毽子活动在小孩子中间特别流行,他们三人一群,五人一伙,边走边踢,花样也很多。

宋代是我国足球发展的兴盛时期，个人技巧性的足球已达到很高的水平，出现了各种各样的踢法，这对踢毽子产生了很大的影响。在踢毽子中，按照身体的不同部位和不同踢法，出现了各种花样，诸如里外廉、拖枪、耸膝、突肚、佛顶珠、剪子、拐子等等，这些花样都与中国古代足球中的"白打场户"踢法相似。因此，宋人高承认为踢毽子为"蹴鞠之遗意"是有充分道理的。

到了明清两代，踢毽子又得到进一步发展，成为男女老少都喜爱的体育活动。特别是由于古代足球的衰落，踢毽代替了踢球，使踢毽子的技巧也达到了更高水平。当时有"一人能应数敌，自弄则毽子终日绕身不坠"之说。终日绕身可能有些夸张，不过却表明人们已有很高的控制毽子能力。踢毽子表演不仅有单人的，还有双人的合作表演。清代无名氏《燕台口号一百首》记载，"琉璃厂有踢毽子者，两人互接不坠"，其表演的动作是"内外拖枪佛顶珠，一身环绕两人俱"。当时有一种形式叫"踢花心"，数人围成一圈，一人在中间，众人向中间踢，中间一人不但要求接到周围人踢来的毽子，而且要踢出同样难度的花样。由于踢毽子活动的普及和技艺的提高，还出现了专以此为生的江湖艺人。据清人潘荣升《帝京岁时纪胜》的记载，这些江湖艺人踢起毽子来，手舞足蹈，连贯流畅，毽子在他们的头上、脸上、后背、前胸、脚上等部位盘旋飞舞，妙不可言，足见其功夫的高超。

地域不同，毽子的踢法亦不同。如东北人冬天穿靰鞡（音 wùla），这种鞋用牛皮缝制而成，坚硬、耐湿。冬季，儿童们把靰鞡沾上水，待其结冰后，玩"蹦毽"。毽子不用鸡毛而用狗毛，以五六个铜钱扎束而成，这种毽重而飞得远。玩时，一人"供毽"，一人踢毽，毽飞出去后，远处众人也以脚迎踢，谁踢中了谁赢。这种踢毽子活动既是全身运动，又不过于火爆，因而深得历代儿童乃至成人的喜爱。

踢毽子运动作为一项传统的民俗游乐体育活动，在中国盛行了两千余年，深受社会各阶层人士的喜爱。直到清末办新学时，学校中的体育课里还有踢毽子一项，是当时最受学生欢迎的课程之一。

九　"藤球掷罢舞秋千，
　　世外嬉戏别有天"

——千姿百态的少数民族传统体育

中国自古以来就是一个统一的多民族国家。各族人民共同创造了光辉灿烂的华夏文化，其中包括丰富多彩的体育活动。由于居住地区的地理环境、生产方式、风俗习惯不同，各少数民族都有独具特色的传统体育项目，其名目之多，不可胜记。他们所创造的这些世代相传的体育活动，渗透着本民族的历史、宗教信仰和文学艺术，反映出各具特色的经济生活和民族习俗，是祖国文化宝库中的一串璀璨夺目的明珠。

具有鲜明特点和个性的少数民族体育，基本内容是各个少数民族按各自不同的风俗习惯，经过漫长的历史发展而形成的健身强体的运动项目。其特点就在于悠久的历史、绚丽多姿的内容和浓厚的民族风格。其重大意义在于同其他民族文化艺术一样，都是我们伟大的中华民族灿烂文化中不可分割的一部分，是伟大祖国的文化遗产之一。分布在中华大地上的少数民族，其多彩而异趣的传统体育活动，有的显示出南国水乡的风情,有的散发着北国草原的芳香,有的带有高原的神奇,更有的包藏着谷地的奥秘。几乎一个项目就是一首瑰丽的诗歌,就是一个引人入胜的传说。它们各自伴随着本民族的历史与生产、生活及习俗而丰富、发展,不仅有高度的技巧,而且又与艺术形式完美结合,既有竞技性,又有表演性,更注重娱乐性。正是这些不同形式的传统体育内容,以其独特的技术风格和浓郁的民族特色,体现出本民族的丰富的文化内涵,显示了中华各少数民族对祖国文化的独特贡献。

 大漠中的民族体育

在祖国的北部,遍布大漠南北的草原地带,生活着剽悍勇猛、开朗豪放的蒙古族。在大自然造就的莽莽沙漠、绵延草原上,他们驰骋万里,游弋海疆,产生出了区别于其他民族的、带有浓郁游牧民族特色的各种体育活动。

对于以游牧为主的蒙古族人民来说,马在他们的生活中占有相当重要的地位,如赛马、套马、跳马、马术等项目,就是蒙古族人民所擅长的独具特色的体育活动。蒙古族不论男女老幼没有不能骑马的,大凡男女儿童,从五六岁起即能骑马驰驱于田野,甚至连妇女也都具有熟练的骑术。《清稗类钞·风俗类》记载说,青海的蒙古族妇女,出门必定跨马,数里之遥,常不用鞍,往往一跨而骑上马背。因此,以马为重要

工具的运动项目，是蒙古族经常性的体育活动。如蒙古族的赛马，分为走马、跑马、颠马三种。其中，走马即把奔跑时的马的侧步作为衡量的标准，主要比赛快速、稳健、美观；跑马，则主要比赛速度和耐力。近代规模最大的赛马是在蒙古族的"那达慕"大会上举行的，有儿童短途赛、成年短途赛、女子短途赛、少年长途赛、16华里颠马赛、20华里走马赛、60华里长途赛及万米圈赛等。比赛开始，骑手们一字排开，牵着高大健壮的蒙古马，在欢呼的观众面前雄赳赳地等待命令。一听号角长鸣，骑手们便纷纷跃马扬鞭，一时彩巾飞舞，如箭矢齐发，骁勇的骑手忽而挥臂加鞭，忽而将上身贴在马背上，最先到达终点的骑士，被誉为草原健儿。

蒙古人的摔跤活动，与赛马一样，也是非常普遍的一项体育活动。传说成吉思汗幼时与一位牧人摔跤，一连赢了三次，牧人佩服得五体投地，就设法帮助他报了父仇。后来成吉思汗称王，便把摔跤定为考核将士的重要科目，于是，草原上的男子个个从小就练习摔跤，渐成习俗。到了清代，蒙古族摔跤又有大的发展，重大喜庆节日和祭祀都把摔跤作为活动内容之一。如蒙古王公贵族在举行塞宴时，为了助兴都进行摔跤比赛。每当"那达慕"举行之际，身着半袖背心，腰系围巾，下着肥大套裤，脚蹬蒙古靴的摔跤手们，就会跳着狮子舞步或雄鹰舞步出场，然后进行摔跤比赛。这种比赛采用单淘汰制，不按身高和体重分级别，不受时间和场地的限制，身体的任何部分着地都算输。

获冠军者,他的名字将很快传遍草原,并将成为许多姑娘仰慕的对象。

除了赛马、摔跤外,射箭比赛也是蒙古游牧民族的主要体育活动形式。这种活动是从最初的狩猎发展而来,尤其是在"那达慕"大会上,常举行百余人的大型骑射比赛。一般规定每人射九箭,分三轮射完,骑手们从远处疾驰而来,张弓搭箭,射向靶心,以中靶的箭数多少评定名次。

蒙古人信奉喇嘛教,在当地喇嘛庙附近,多有大广场,每逢集会时,广场便成为娱乐场地。除了歌舞之外,种种的娱乐活动,如下棋(蒙古棋)、斗牛、斗驼,以及投掷"布鲁"等到处可见。这些传统的竞技活动,反映出大漠民族体育浓郁的草原特色。

 白山黑水间的东北民族体育

在祖国的东北部,自古以来就生活着满、朝鲜、锡伯、达斡尔、鄂伦春、鄂温克、赫哲等少数民族。那里山峦起伏,江河纵横,林木葱郁;由于气候寒冷,许多地区又常年积雪,山顶白雪皑皑,山下冰冻千里。生息繁衍在这块土地上的各族人民,充分利用自然界赐予的这片土地,在生产实践中逐渐形成了具有自己特色的各种体育活动。在漠河、松花江、长白山一带居住的满、鄂伦春、鄂温克、赫哲等民族,由于常年同冰雪打交道,维系他们基本生活的是山林里的野兽和河中的鱼虾,狩猎和捕鱼成为最重要的谋生手段,

而生产工具则以猎枪、渔叉和桦皮船只等为主。在使用高寒地带猎狗及马匹的同时，他们广泛开展适应本地特点的各项体育活动，以锻炼自己的体魄和提高同自然界斗争的能力，这其中具有代表性的有满族的马术、骑射、赛马以及雪地走和冰嬉，鄂温克和鄂伦春族的滑雪、赛皮爬犁、猎狗熊及斗熊，赫哲族的叉草球、打爬犁、赛狗爬犁、冰磨、快马子赛等，都是极具民族特色的传统项目。

鄂伦春族是我国古老民族之一，他们世代生息在我国东北地区，常年与林海雪原打交道。"鄂伦春"一词有两种含义，一为使用驯鹿的人，一为山岭上的人。勇敢强悍的鄂伦春人以他们的猎枪、猎犬闻名于世。在这种独特的生活环境里，他们的体育活动也别具一格，如皮爬犁赛就是其中最典型的一种。皮爬犁是一种在爬犁底下钉上毛向外的兽皮用以滑行的工具。每逢大雪纷飞的冬季，鄂伦春人生活的世界里，银装素裹，人们便爬上山坡，坐上皮爬犁，从山坡上向下快速滑行。皮爬犁比赛分为比速度和比距离两种，是一种锻炼敏锐眼力和训练平衡技巧的活动。

 **高原上的赛跑**

在辽阔的青藏高原，聚居着具有悠久灿烂文化的少数民族——藏族。藏族人主要从事农、牧业，喇嘛教对其文化和风俗习惯有着深远的影响。藏医藏药和藏族的天文历算、文学、戏剧、歌舞、绘画等都有自

己的特点。从唐代开始，就有汉藏两个民族进行体育交流的记载。藏族传统的赛马、赛跑、马术、射箭、摔跤等体育活动则是从藏民族历史的长河中培育出来的颗颗明珠。

藏族的体育活动有着悠久的历史。建于公元7世纪的布达拉宫和大昭寺，以及其他一些地方的寺庙里，就有关于摔跤、赛跑、举重、射箭、游泳等体育活动内容的壁画。

和蒙古族习俗相近，藏族也有赛马和长距离赛跑的活动。藏族的赛马活动往往安排在传统节日里举行。届时，强悍骁勇的藏族青年，穿着黄缎马褂或红、绿紧身上衣和镶金边的箭裤，脚蹬马靴，腰挎箭袋，骑着由哈达、羽毛和铜铃打扮起来的骏马，飞驰在比赛场上。在著名的布达拉宫的壁画中，藏族骑手们赛马时的雄健英姿被描绘得栩栩如生，再现了藏族赛马活动的热烈场景。藏族人的赛跑亦如赛马，甚为盛行，其距离一般为20公里左右。在海拔3700米的拉萨，人要跑20公里非同小可，对内地人而言，不要说跑步，就是坐着不动亦感到呼吸困难。所以参加赛跑活动者主要是本地的藏族人。

藏民还有各种马上技艺的表演。参加者均穿上彩衣，佩剑，肩挂叉子枪，驾快马。他们一般在规定的马道上飞驰，或者马上射箭，或者马上放枪，或者在飞奔的马背上侧身拾起地上之物。这种活动形式，一般的藏民均可办到，可见他们的马技之高超。

除了赛马、马术及赛跑等活动外，藏族中还盛行各种时令杂戏，包括元旦之日的儿童跳钺斧戏、初二日的儿童攀绳比赛以及男女参加的摔跤（布库）活动和举重等等。其中举重所用的器具是"大石一块，重可达六七十斤，圆滑如卵，能举起者，赏哈达"。这种活动多在夏天举行，现在西藏的桑耶寺壁画中仍可看到这种举石的形象。

在藏族的体育活动中，棋类游戏也十分盛行，如被称为"多目之戏"的藏棋，是流行于历代西藏贵族阶层中的一种棋戏。另一种叫做"吉布杰曾"的类似围棋的棋戏，则主要在西藏民间盛传。这种棋是用木炭在石板上或用尖石子在地面上画出棋盘，拣小石子做棋子即可进行对弈（见图32）。这种棋戏不受场地时

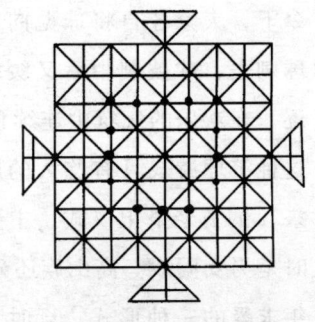

图32 藏族棋戏吉布杰曾

间限制，简便易行，因此，长期以来流传不衰。

 能歌善舞的水乡民族体育

在长江以南地区，历来生活着众多的少数民族。这里既有着山势雄峻的高原地形，又有着四面环山的盆地，更有众多纵横交织的湖泊河流。在历史地理的变迁和社会环境的影响下，在这里生活的高山、黎、壮、瑶、畲、彝、苗、侗、土家、布依、傣、佤、怒、纳西、羌、景颇等民族，大部分依山傍水而居。在他

们开展的各项体育活动中,有许多项目直接来源或间接来源于这里的特殊地理环境,形成了各自不同的颇具地方特色的民族体育形式。

高山族是最早居住在台湾的民族,在他们中间,盛行一种球戏,名叫竿球,其打法别具一格。这种球戏所用竹竿长达七八米,球是以棕皮或青藤做成,故又称为藤球。这种球大如瓜,轻如棉。每当节日里,村民们便手持长竿纷纷来到村前空地里,听族长一声令下,大家各自将球抛向空中,立即仰头摇动长竿向球刺去,球被刺中后又缓缓落下,大家又持竿跑动追逐,在欢乐的气氛中连续顶刺,落而复顶,往复不绝。这种竿球游戏具有悠久的历史,来源于一种叫"竹竿祭"的古老祭祀仪式,主要盛行于彰化以北地区,有时是男女同戏。高山族还爱玩"背篓球",这是男女青年求爱的一种形式。玩时女的背竹篓在前面跑,男的随后紧跟,用象征着幸福的常青槟榔朝女方的背篓里投掷。小小的槟榔球,成为青年男女爱情最好的试金石。

长跑,在高山族人中占有重要的地位。《番社采风图考》中说,高山族人"自幼习走(跑)……及长,一日能驰三百余里,虽马不能及"。清代,官府利用其善跑者来担任驿卒,他们一昼夜就能将信送到台湾岛最远的地方,所跑的距离要比"马拉松"远上几倍。

在台湾高山族妇女中,有一种被称为"缈绵氏"之戏的活动,它实际上是一种秋千,是高山族妇女们喜爱的一种运动形式。清朝诗人曾有专门诗句对高山族所喜爱的活动形式给予了描述："藤球掷罢舞秋千，世外嬉怡别有天；月几回圆禾几熟，岁时频换不知年。"较准确地反映了古代台湾高山族人民游戏时欢快的心情。

在西南几个少数民族中，各有自己缤纷多彩的传统体育活动。傣族的泼水节，是他们一年中最盛大的节日。在傣历六七月（清明节后十日左右）节日期间，人们互相泼水祝福，并进行拜佛、赛龙舟等活动。《云南游记》记述说："每岁二三月间，女子在田播秧、唱歌，男子路过其间，辄群起以竹筒盛水浇之，以为笑乐。及其衣服透湿，又群向之殷勤慰问。"傣族在"泼水节"期间，还有抛彩球的求偶活动。

黎族生活在祖国最南端的海南岛。黎族青年爱玩"跳竹竿"游戏。每当风和清朗的日子，他们手持竹竿对面蹲坐在椰林里或海滩上，若干人一齐将手中的竹竿一开一合地敲击，有节奏地发出"呱嗒、呱嗒"的声响，跳竿者就在竹竿分合的空隙中巧妙地转身、跳跃，那灵巧的动作散发着青春的活力。

"打扁担"是壮族人的传统体育项目。这项活动据说始于唐、宋时期。活动开始后，参加的人两两相围在长凳或舂米木槽旁，用自己手中的扁担敲击，打出和谐的音响和复杂的节律，扁担声声分外响亮，数里外都能听到。居住在云、贵、川三省交界处的苗族，还盛行一种集音乐、舞蹈、体操、武术为一体的"跳芦笙"，它的起源可上溯到 2000 年以前。苗族人在跳芦笙时一边吹着芦笙一边进行各种技巧的表演，如滚球、走竹竿、倒立、爬杆等。其表演难度大，带有竞赛性，且观赏性强，是传统节日中的重要表演项目。

在西南少数民族中，彝族人的民风比较强悍，历来习武之风甚浓，每逢民族节日或丰收时节，均有手持月牙长刀的小伙子随着跳"打歌"的姑娘们边歌边舞，刀光人影，熠熠生辉，顿使人精神奋发。彝人还有一种"上刀山"的令人胆寒的活动，又称"刀竿会"。它是以利刀（刃口向上）代替木梯之横木，多至数十格。表演者赤足蹈刃，登至梯顶端，作种种技艺表演，其惊险是可以想见的。生活在怒江两岸的怒族人，古代的交通工具主要是溜索。这种溜索，架在两岸之间，一来一往两根，一头高一头低，上扣溜板，人在溜板上顺抛下滑，即刻到达对岸。后来，这种活动逐渐形成为一项锻炼人的胆量和勇气的运动形式。每逢节日，青年们常常举行溜索比赛，在长长的溜索上前后追逐。

除了以上几种体育活动外，还有许多颇具特点的民族体育形式。如湘西土家族的"打飞棒"、畲族的"赛海马"、布依族的"丢花包"、纳西族的"东巴跳"、侗族的"抢花炮"以及普见于南方水域的赛龙舟等，都是保存着本民族特点的活动项目，它们共同构成了我国民族传统体育宝库中绚丽多彩的一页。

 **趣味浓郁的西北民族体育**

祖国的西北，居住着能歌善舞的十几个民族，其

中最大的是维吾尔族，同其他地区的少数民族一样，他们也有自己独特的体育活动。

生活在这里的民族，性情剽悍，传统体育活动多离不开马匹，因而自古以来就流传着许多马上运动项目。诸如赛马、三岁马速度赛、马上曲棍、刁羊、马技、走马赛、马上拔河、马上角力、马上狩猎、跑马射箭、套马、马上拾银、姑娘追、马上射击等。在这些项目中，刁羊被誉为是"剽悍者的运动"，它是一项争夺激烈、对抗性很强的骑术运动。每逢秋末冬初时节，草原上羊肥马壮，满怀丰收喜悦的牧民总是要进行刁羊比赛。平坦开阔的草原上，放着一只雪白的绵羊，整装待发的骑手们在一声枪响之后，纵马疾驰，奔向绵羊，小羊在技艺娴熟的骑手们手上来回传换，得羊者忽而镫里藏身，忽而侧身伏鞍，阻截者则快马加鞭，或如鲤鱼打挺，或如鹞子翻身，各施绝技，奋力争夺，直到得羊者最终将羊送到预定地点。

另一种源于男女青年表达爱情的马上游戏"姑娘追"，也绝无一点脉脉温情。如哈萨克族的"姑娘追"，先是小伙子与姑娘先并辔徐徐向规定目标而行。途中，小伙子可任意向姑娘说许多俏皮话，大胆地倾吐爱慕之情，但这时的姑娘只能默不作声。到达起跑点后，小伙子必须拍马直奔，而姑娘则一扫腼腆娇羞的神态，扬鞭催马，飞快地追赶，调皮的小伙子如果被姑娘追上则要遭到鞭打之苦。不过，如果小伙子是姑娘意中人或显得有礼貌，豪爽的姑娘或许只是把鞭子虚晃几下唬唬人罢了。通过这种活动，不少有情人结成幸福的眷属。

维吾尔族中盛行两项在高空进行的独特活动。一种叫"萨哈尔地",意为转轮秋千。它高十五六米,由轴、木轮、轮杆以绳索联结而成。玩时,数人推轮杆带木轮转动,绳端攀附者随之转动,木轮越转越快,人也越飞越高。另一种是"达瓦孜",是一项高空走绳运动。它包括地上与空中两部分动作,空中又分索上动作与杆上动作,而地上项目则有翻筋斗、二人以上的武打、月牙弯刀术、飞刀等。这项活动在美妙的"十二木卡姆"乐曲的伴奏下进行,更增添了它扣人心弦的魅力。尤其是索上表演,要走80米长的大绳,其要求技艺之高,非同一般杂技节目中的"走钢丝"所能相比,充分反映了维吾尔族人民不畏艰险的勇敢精神。

维吾尔族妇女,是体育活动的积极参与者。她们"善歌舞,娴百戏;折劎(音 jīn)斗,踏铜索",与男子相比毫不逊色。清人福庆在《异域竹枝词》中以诗词的形式,对此进行了描述:"高架双竿与屋平,铜绳盈丈两头横;持裙莫漠留飞燕,看取凌风蹑影轻。"其娴熟、轻巧的技艺跃然于纸上。

除了马上运动和有关的百戏,生活在这一带的少数民族还根据自己的生活特点创造出了一些富有地方特色的体育项目。如维吾尔族的帕卜孜(一种类似现代曲棍球的运动)、打嘎儿、顶瓜竞走;柯尔克孜族的跨驼比武、月下赛跑、二人秋;哈萨克的躺倒拔河;塔吉克族的马球,等等。这些传统的带有民族趣味的体育活动,都有着悠久的历史。

十 中国古代体育的组织形式与管理

中国古代的体育活动不仅源远流长,而且有着极为丰富的内容和多种多样的形式。自它开始出现在人类的活动中,就作为一种传统的文化现象,在社会的各个阶层及各民族中得到了逐步的发展。同时,随着这一文化形式的繁荣和演变,与此相应地也出现了一系列组织形式和管理机构,并成为大众教育活动中的主要内容。

最初的体育活动形式,是与人类的生产劳动紧密相连的,可以说是人们在劳动之后为满足身心需求的一种本能反应,进行体育活动所需用的器械也仅仅是简单的劳动工具。进入阶级社会后,频繁的战争、文字和学校的产生,宗法制度的形成等社会变革,推动了体育的发展。原始社会中那种融多种功能于一体的体育,开始分化为军队的身体、技能训练,学校教育和民间游戏,以及卫生保健等不同形式。这样,最初的体育组织形式和管理就开始出现了。

随着封建制度的形成和发展,奴隶制时代"为政尚武"的学校教育被独尊儒术的学校教育所取代,军事体育突破了统治阶层的垄断在农村得到推广。技击技术的飞快发展,对身体、心理训练都提出了新的要求。某些类别的体育活动已初步自成体系,且独具特色。与此同时,出现了较多专用于体育娱乐的场地设备,古代体育已开始走向体系化、正规化。

隋唐五代时期,体育活动更为多样化,大凡以前相沿下来的各项运动都已初步定型,技术方法及理论的探讨,均有脉络可寻。体育活动的进一步普及和体育文化交流的空前发展,促使统治者加强了对体育活动的组织、管理,使体育运动成了人们生活中不可缺少的一个组成部分。

从北宋到清末,是中国古代体育演进的重要时期。随着封建经济的发展,适应市民需要的娱乐性体育活动得到了较快的发展,城市里出现了专业化的体育团体,一些俱乐部式的体育组织大批地涌现。有关体育的各种著述也因印刷术的长足进步而大量付梓。相当一部分的消闲娱乐体育活动,朝着表演化、舞台化方向发展,被新兴的戏剧艺术所吸收。不少传统体育活动依附于民俗习惯得以沿袭。尤其是明清时期,由于市民体育的兴盛,各项体育活动的技术技巧在原有基础上有明显的提高,组织、管理及规则方法也较前代详尽。可以说,这既是民间体育空前活跃的时期,又是古代体育大总结的时期。

 **古代体育的活动场地与器材**

古代早期的体育,作为一种社会的文化活动,是

随着社会生产的发展、社会生活的变化，并伴随着早期的科学、艺术、教育、宗教等活动而出现的。中国史前时代的体育活动，尤其是竞技性的运动形式，是与生产、军事、宗教等方面的活动交织在一起的，因而有关的场地器材也多为混同使用。像史前人使用的砍砸器、刮削器、弹射器、投掷器等这些生产生活用具，当人们进行有意识的锻炼身体的某些活动时，这些生产生活用具，同时也就成为他们最初的活动器材。原始社会后期，随着人类社会生活的进步，少量的专用器材逐渐出现了。如相传的"击壤"活动就有了专用的"壤"。《艺经》记载说："壤以木为之，前广后锐，长尺四，阔三寸，其形如履。将戏，先侧一壤于地，遥于三四十步，以手中壤敲之，中者为上。"这种壤的形状如鞋子，前宽后窄，长一尺四，宽三寸，是一种"击壤"活动中专用的器材。

我国商、周时代，出现了许多青铜武器，其中包括戈、戟、矛、钺、剑、殳、斧等等。这些青铜武器的出现，为古代武艺的发展提供了条件。有的既是军队作战的武器，同时又是体育活动的器械，甚至有些武器后来就演化为纯体育器材。青铜兵器大量出现的时期，战争中以车战为主，因而战车和各种兵器的使用越来越受到重视，以至当时出现了用战车和各种兵器以及弓箭进行比赛的盛况。《史记·孙子吴起列传》中记载的齐王赛马车就是一个典型事例：当时齐国的王公贵族们常以赛马车赌钱。一次，孙膑在田忌赛马车之前告诉他一种战术，田忌如法炮制，终于以二比一取胜对方。这说明马匹战车被大量用于作战的同时，也成为体育活动的重要器械。当时，各诸侯国为鼓励人们习武，还颁布了一系列尚武的法令，如魏国李悝，做上地之守后，为激励民众习射，曾制定《习射令》，要求人们练习射箭，如有诉讼打官司的，一律依射艺来判定。这样，人人皆积极练习射箭，日夜不休。越来越多的人习车艺、练武艺，使马匹战车、弓箭等成了比赛用的重要器具。

鼎，是一种金属铸成的器皿，最早是用于烹煮牲畜，以供祭祀，后来也成为比试力量用的器械。《史记·秦本纪》说秦武王和大臣孟悦在进行鼎比赛时受伤，致使膑骨骨折，反映了竞争的激烈程度。以后，"举鼎"还成了测试军士力量的一个主要项目。不过，这时的体育活动器械，还是以人们的日常生活用品为主，专门的体育器材还较少见到。

商周时期的体育活动场地一般没有专用的，多数是就地利用，如城郊的旷野在教阅军队或举行体育活动时便成为赛马、射箭用的场地。绘于山东曲阜孔庙的《孔子观射图》，反映的就是孔子在旷野观看学生进行射箭比赛的情况（见图33）。

秦汉以后，古代体育的活动场地、器材有了一定的发展，专用的器材也逐渐多了起来。如汉代蹴鞠所用之鞠，是用皮革包裹禽兽毛羽之类而缝制成的实心球体。棋类当中的弹棋、围棋、六博以及投壶所用之壶，都有了专门的制作技术。盛行于南方水域地区的传统体育活动龙舟竞渡所用龙舟，最初也只是一般的

图33 孔子观射图

山东曲阜孔庙壁画。

水上交通工具木舟,至汉代,出现了专门用于竞渡的龙首装饰的龙舟。这种形制的龙舟,直到现在的龙舟竞渡活动中还在大量使用。

据《汉书·戚夫人传》记载,西汉刘邦曾在宫苑内建造了供蹴鞠比赛用的"鞠域",亦即古代足球场,这种鞠域呈东西走向,正面设有供皇帝观看足球比赛用的大看台。四周有围墙,称之为鞠城。鞠城两端,分别有月状的"球门",称之为鞠室。这是宫内鞠场。另有一种是野外鞠场,一般没有"鞠城",在鞠场两端"穿地作鞠室",分别挖有圆坑,作为鞠室(见图34)。这种鞠场在当时应用得非常普遍,如汉初名将霍去病,在行军打仗之余,就曾在营地建造鞠场,并亲自下场参加比赛。

除了蹴鞠,盛行于汉代的马球活动也有专门的球场。唐代诗人蔡孚曾在《打球篇》中提到过被董卓烧毁的东汉洛阳"德阳宫北苑东头"的马球场,说明当

图 34　汉代野外鞠场及竞赛示意图

时的马球场规模是相当大的，以至连唐人都知道得相当清楚。

角抵，是汉代非常盛行的一种体育项目。除了一般平民百姓，军队中也将其作为一类重要的竞技项目。当时，角抵的表演或比赛已有了专门的类似后来"擂台"的角抵台。如 1979 年湖北江陵凤凰山秦墓出土的木箅上所绘角抵图，就是以饰有帷幕的角抵台作背景的，反映出比赛的场地已经很正规了（见图 35）。

隋唐时期，在体育器材和场地的完善上有了很大进步。武艺中的器械种类有了许多改进。据《唐六典》所记，仅弓就有"长弓、角弓"等 4 种；弩有擘张弩、角弓弩等 7 种；箭也有竹箭、木箭等 4 种；而刀则有

**图 35　秦　角抵图
　　　　木箅摹本**

湖北江陵凤凰山出土。

4种。种类繁多的武艺器械的出现必然为武人们所重视并成为其钻研的课题。这一时期，体育器材的一项重大改进就是球的构造由实心球改良为充气球，有了球壳和球胆，其形制与近代的皮球已很相近了。

体育活动场地的修筑也越来越多，唐代的宫城及禁苑里，多半筑有打球的场地。西安唐大明宫出土的刻有"含光殿及球场"字样的石碑，表明在修建宫殿的同时亦修建了球场。当时的球场建筑是很讲究的，多是三面用矮墙围绕着，一面是殿、亭、楼、台之类，是供观赏之所。有的还在马球场上洒油，以免尘土飞扬。

体育器械的制造至宋代达到高峰。随着城市手工业、商业的繁荣，经济得到了进一步发展。在北宋都城汴梁有纵横交错的街道，街道两旁店铺林立，其中就有专门出售球杖、弹弓等体育器械的店铺，这些器械做工都很考究。这时还出现了一些专业体育书籍，如《丸经》、《角力记》等。在这些著作中，对当时流行的许多体育活动所用器械的形状、大小、规格和制作材料等均作了详尽的介绍，反映出体育器械的使用、制作已基本正规化。

宋代的竞赛场地也呈多样化，如蹴鞠，既有设球门的场地，也有不设球门的场地，使这一活动更好普及。宋太宗赵光义曾于太平兴国元年（976年）下令开凿"金明池"，引金河水注满，作为水上竞赛和演练水军的地方。当时出现的"水秋千"跳水活动，所采用的方式就是在尾部设有秋千的大型画舫上，让表演者荡秋千与支架齐高后,翻筋斗入水,同时也可划船"争水锦标"。在民间的摔跤活动中,还出现了比赛用的台子,即"露台争交",北宋都城内的护国寺有一处南高峰露台,就是其中之一,当时每年都要在这里举行大规模的摔跤比赛。

夏、辽、金、元时期的北方少数民族,为了开展本民族的传统体育活动如骑射、马球、摔跤等,也修建了不少专门的场地和制作了一些运动器材。如辽、金、元统治者,在举行"拜天"典礼时,都要进行击球比赛。为此,专门修建有周围遍竖彩旗的球场。金人还制作了射礼用的木兔靶子。其所制作的马球用球,"状如小拳,以轻韧木枵其中而朱之",球杖"长数尺,其端如偃月"。这些和今日国际上所通用的球、杖相一致。

明清时期,是古代体育的大总结时期,体育活动的器材、场地多已定型。如武术器械已基本上具备了现代武术器械的类型和形式。清代满人的传统项目冰嬉所用的冰鞋与今日已无大差别,同时还出现了新的种类,如皮制冰球和猎皮冰鞋等等。可以说,这些定型时期的体育器材和场地形制为现代体育在中国的迅速普及提供了条件。

 **古代体育团体组织的出现与管理**

中国古代体育活动,在其初期是作为人类的一种自发的活动形式出现的。商周时期,即出现了有规模、

有一定程序的"射礼",这样的正式射箭比赛活动,也是人们在礼仪的规范下所进行的一种自发的活动形式。中国古代体育活动团体组织的出现,大约在隋唐时期,最初先是以官府组办并管理。唐代的"月灯阁球会",是主考部门为新榜进士举行的庆祝活动仪式。一般于放榜之后的二三日,在月灯阁(今陕西西安大雁塔以东)举办马球赛会。用球赛方式庆祝进士及第,为史所罕见。这种活动每年按例举行,可以说是官府组织的体育团体的最初形式。另外每年的寒食节,少府监下属的中尚署还例行组织"献球"活动,其内容包括有组织地表演蹴鞠、击鞠、步打球等,这也是当时官办团体组织的一种。

据《隋书·礼仪志七》的记载,早在东魏北齐时,皇宫卫士中就有"角抵队"的建制,但均是不固定的。到了唐代,出现了专供表演的"相扑朋"组织。晚唐角抵能手蒙万赢就是在唐懿宗咸通年间(860~874年)选入相扑朋的。凡是进入相扑朋的,均是从事角抵的专业人员,说明唐代已有了专门管辖"相扑人"的组织机构。

宋代官办的体育组织有着更大的规模。其中相扑的"内等子"是御前忠佐军头引见司管辖的官方专业相扑手;而教坊司管辖的"筑球军",则是官方的职业足球组织。基本上每项活动形式都有一定的组织团体;这也是统治者从其本身享乐的需要出发而组织的。两宋,特别是南宋时期,一度出现了较长时期的偏安局面,城镇手工业和商业的发展促进了都城临安的繁荣,相关的武艺和游戏等体育团体也在民间应运而生。据《武林旧事》等书籍记载，包括娱乐性表演团体在内，"有数社不下百人"，可见其规模之大。在这些团体组织中，由踢球艺人组织的叫齐云社，或称圆社。参加圆社的人不只是表演艺人，爱好踢球的子弟也可参加。凡是参加圆社的子弟，都要经过拜师手续，花费一些钱财。拜师和赠礼正是为了保护足球艺人本身的利益。而这种组织同时对宋代足球技术的发展和足球资料的传播，起了一定的作用。

"角抵社"是宋代民间相扑艺人成立的自己的组织，成员一般都在临安瓦肆中表演，有的还参加"露台争交"，争交优胜者不仅可获厚奖，有时还可获一官半职。宋代是武术形成的重要时期，可以说是武艺向武术逐渐演化的时期，当时武术艺人的组织叫"英略社"（使棒）。《都城纪胜》中说："别有使拳，自成一家，与相扑曲折相反。"到了元代，这种组织还大量存在，并有专教枪棒的教师。在民间的练武组织中，还有一种"弓箭社"，是一种民间自卫组织，"百姓自相团结为弓箭社，不论家业高下，户出一人，又自相推择家资武艺众所服者为社头、社副、录事，谓之头目。带弓而锄，佩剑而樵"。上述团体，都是体育艺人的同行组织或民间自卫组织。此外，还有许多兴趣爱好相同的体育同仁组织，是按活动形式的不同而形成的，如以习弓练弩为主的"川弩踏弓社"，以射弩为主的"锦标社"以及蹴鞠、击球的"蹴鞠打球社"等等，凡是当时城市里流行的体育项目，都有相应的社团组织。

宋代体育的"社"、"团"组织,从某种程度上可以说是一种体育行会。首先,社团肩负着组织训练、比赛和表演的任务,如圆社举办的蹴鞠比赛,相扑社参与的"露台争交"等等,在当时的影响是很大的。其次,体育社团还制定了各种体育规则,《事林广记》中载有齐云社的社规,对入社标准、技术要求、踢球要领及比赛规则都作了详细的说明。但是,从另一方面讲,无论这一时期城市里体育社团的职级何其多,其本质都是为了消闲、娱乐,与前面所提到的北方农村以习武自卫为目的而组成的"弓箭社"等完全不同。即便是"川弩踏弓社"、"英略社"等武艺团体,也并不是专为武事而设,而是作为一种消闲、娱乐的组织而存在。否则,官府是不会允许的。

元朝建国后,也组织了不少官办体育团体。如管理摔跤手的机构是"勇校署",勇校署中的摔跤手,便是职业的"角抵者"。最有名的当推每年一度的贵由赤长跑比赛,这项比赛的距离全长180里,由官府组织。元代的贵由赤,是具有社会性的,不只限于宫中或军中,由于有很重的赏赐,参加的人面很广。可以说它是古代体育史上最著名的官办体育团体组织活动。

明清时期的体育团体组织亦分官办的和民间自发的两类。在官办的团体组织中,以管理摔跤的"善扑营"较为著名。它是康熙时因小跤手以摔跤形式擒诛鳌拜立了大功而成立的机构,后来逐渐成为清代汇集名跤手的地方。民间自发的体育团体组织主要是走会,这种组织是一种临时召集、聚合在一起的综合性的民间体育娱乐团体。走会内部的组织主要有两部分：一为角色，专门表演、比赛各种技艺；一为管理会中一切事务的人员。走会中的经费系热心的人士赞助，表演、比赛时不收演出费，会员踊跃参加。走会所表演、比赛的项目有钢叉、木棍、枪等武术类以及杠子、石担、石锁等类似近代体育的项目。此外，还有杂技、舞蹈等与传统体育活动相交叉的表演项目。这些项目分属于走会中的开路会、幡会、五虎棍会、白腊杆会、双石头会、石锁会、杠子会、高跷会及九狮子会等团体组织。由于其规模大，项目多，且易为一般平民所接受，因而受到了广泛的欢迎。直到近代，这种走会形式在北京还不断大规模地组织举行，可以说是一种民间体育活动综合演出的盛会。

 古代教育中的体育活动

我国古书记载的传说和民族学中的有关资料都证实，古代的教育活动在原始社会的后期就出现了。当时处于萌芽状态的教育活动，反映在原始社会生活领域的许多方面，而有关锻炼与发展儿童身体的各种练习和游戏，则是原始教育的主要内容。

我国古代无现代的体育概念，自然没有现在学校体育课里的内容。但在古代学校中，还是要学习一些与身体活动有关的技能、技巧，这可以说是古代学校体育的雏形。据古籍记载，早在夏代，就有了学校，

当时称为"校",殷商时称为"序",周代则称为"庠"。在当时的社会中,最重要的国家大事有两件,即宗教祭祀和战争,因此学校里学习的主要内容就是有关祭祀和战争的知识技能。宗教祭祀知识,主要是音乐和舞蹈,这些都是祭礼仪式上不可少的娱神内容,是一定要学好的。而战争的技能就更多了,骑马、射箭、兵器技击等都是学校里的教学内容。当时军事的地位非常重要,各家生了男孩儿,都要在门左挂弓以示尚武,而学校里将军事战争技能作为主要教学内容之一是当然的了。

周代学校中的教育内容主要是"六艺",即"礼、乐、射、御、书、数",其中射和御即包含有丰富的体育内容。当时,作战以车战为主,而射、御是基本的作战技能。射,主要指射箭技术。一般来说,陆上习射有"射庐"和"宣榭",水上有"辟雍"和"泮宫"。乡学中也设有专门习射的地方。学校习射,要掌握"白矢、参连、剡注、襄尺、井仪"5种基本技术。御,主要是指驾驭车马的技术。习御要求掌握"鸣和鸾、逐水曲、过君表、舞交衢、逐禽左"5种驾车控马的基本技术。这些基本技术都是适应车战需要,依据射箭、驾车的基本规律而提出的具体要求。

在这时的学校教育中,还有一项与军事和体育密切相关的内容——射礼。射礼是周代统治者通过射箭进行礼仪道德教育的重要社会活动。它按不同等级或不同场合分为"大射"、"宾射"、"燕射"及"乡射"4大类。举行射礼一般分"戒宾"、"示射"、"竞射"

和"兴舞"4个步骤。与一般的射、御课目相比,"射礼"基本上摆脱了军事训练的性质,并产生了较为完备的规则,初步成为一项竞技性的体育活动。

孔子是春秋时期的一位伟大的教育家。他当时也是以"六艺"为主要教育内容的,强调"有文事者必有武备",在其三千弟子中,身通六艺者就有72人。受当时社会的影响,孔子本人就是个文武双全的人才,是位大力士,可力托城门,可射箭、驾车,还懂军事知识。他的学生子路是一员英勇善战的猛将;冉有是位善用长矛的将军,曾在一次保卫鲁国的战斗中立过大功。

战国时期,随着社会的进步和分工的发展,教育已从文武兼学逐渐走上文武分途。汉代的统治者重文治而轻武功,更由于儒家学说的大量传播,学校教育中的军事知识内容已经很少了。尤其是在"玄学"和"清谈"充斥着整个社会的两晋南北朝,社会风气更加重文轻武,人们以文静柔弱为美,因而在学校教育中,就更看不到军事和体育方面的内容了。这样一来,自战国至魏晋南北朝、隋唐五代的一千多年时间里,学校体育一蹶不振,"公卿士大夫吏,彬彬多文学之士矣"。

宋代以后,由于民族矛盾激化,战事不断,刺激了社会对军事技能的需要,习武又被社会重视起来。宋神宗时曾建立过专门的习武学校,以武艺特别是骑射为主要教育内容。至明代,开国皇帝朱元璋是经历过战争的人,他认为文武兼备的人才,才能为定国安邦发挥更大作用，因而建立了比宋代更为完备的学校教育和科举制度，学校体育也有所复兴。

明代的学校，有中央办的"国子学"和地方办的府、州、县学。为了能真正恢复、贯彻实施"六艺"教育，洪武三年（1370年），朱元璋指示"国子生及郡县学生员皆习射……命国子监辟射圃，赐诸生弓矢"。这样，学校习射的场地、器材有了保证，较大地促进了学校体育的开展。当时，学校的科举考试中，还要考"骑"、"射"等武艺。此外，还设置了培训军事人才的武学。武学是文武兼学，以武为主。除了学习传统的马射、步射以外，还要学习刀、枪、剑、棍等器械武艺和拳术，学生毕业后要参加国家举办的武科考试。

满人以骑射为本，清代统治者本是北方强悍尚武之民族，在建立封建王朝中认识到文武不可偏废，故在教育中亦强调文武兼习。学校都开设骑射课，尤其是文科考试先试骑射，这个规定极大地促进了学校体育的开展，风气所及，民间竞相仿效。特别是清初著名教育家颜元，他本人文武全能，更以"文武兼备"的要求来办学。在他主办的"漳南书院"中，将课程分为"文事"与"武备"等若干类，学校辟有习射运动场，军体课的内容除骑射外，还有武术、举重及舞蹈等。颜元在他办的学校中提倡"动以养生"的思想，认为"一身动则一身强，一家动则一家强，一国动则一国强，天下动则天下强"。他针对程朱理学脱离实际的教育方法，主张把"六艺"教育作为整个教育的基础，致力于培养有真本领的经世致用的全才。从先秦时期的孔子到清初的颜元，两位杰出的大教育家，都强调"文武兼备，学以致用"的教育思想，贯穿中国古代学校体育的这个特色，是非常突出而鲜明的。

我国古代的学校体育，与军事联系十分紧密，而直接以健身和娱乐为目的的体育运动比较少。仅仅习射一项，几乎无校不有。历代史籍、各地方志，对学校的记述，常常写到射事、射圃，射圃正是当时学校的操场、运动场。当然，中国古代教育中的体育活动，并不完备，也并不纯粹，较之德育、智育，时被忽视，但也不乏异军突起之时。社会客观的需要，自身存在的价值，决定了它虽有消长，但从未消亡，虽有曲折，也折而不断，虽有起伏，却屡蹶屡起，生生不息，并在长时期的历史发展中，形成了一种优秀可观的传统和独到不凡的特色。

十一　近代西方体育在中国的出现和传播

19世纪中叶，帝国主义列强通过一系列侵略战争，用大炮轰开了中国闭关自守的大门，中国从此一步步地沦为半殖民地半封建社会。为了挽救民族危亡，一些先进的中国人开始努力向西方寻求救国的真理，学习西方的科学技术、政治学说、文化教育；统治阶级内部也有一部分人试图通过学习西方的坚甲利兵之道等来应付日益尖锐的内外矛盾，以挽救垂危的封建制度。这就产生了一个向西方学习的潮流，造成了中国接受近代体育的条件。近代西方体育就是在这一潮流中传入中国并逐步传播的。

第二次鸦片战争以后，中国封建势力中产生了所谓"洋务派"。在洋务运动期间，洋务派进行了一系列借"西法"以"自强"的活动，他们兴办军事工业，购买兵舰和其他新式武器，仿照西方的办法编练新式陆海军，建立军事学堂，聘请洋人教官，选派留学生出国……采取了一系列学习西方军事、科技、文化的具体措施，近代体育的某些内容最初就是在洋务派编练新式陆海军和创办军事学堂的过程中传入的。

洋务派聘请的洋教官为了训练士兵，是先从传授"洋操"开始的。从1862年起，首先是曾国藩的湘军水师、李鸿章的淮军开始聘请外国人教练兵勇，改习"洋操"。当时习练的主要是英国兵操，包括队列、刺杀、战阵与战术等。后来，由于这些军队在1894年的中日甲午战争中损失殆尽，清政府又采纳了德国军官汉纳根的建议，聘请德国人为教官，改练德国兵操，此外还有单杠、双杠、木马等器械体操。

19世纪70年代以后，中国的民族危机日益严重，许多先进的中国人要求在中国实行改良，逐渐形成了一股改良主义思潮，终于导致了1898年的戊戌变法运动。变法虽然最终遭到了以西太后为首的顽固派的镇压，但在中国产生的影响却非常大。以康有为、梁启超、谭嗣同和严复为代表的资产阶级维新派，以"救亡图存"为目的，以进化论为武器，提倡近代体育。这实际上是对封建教育和封建武举制度的否定，在社会的一定范围内形成了"耻文弱"的尚武风气。他们所倡导的新的体魄观为近代体育的广泛传播扫清了思想障碍，体育作为一种强身手段开始受到社会各界重视。因此，这次改良运动可以说是继洋务运动之后，对近代西方体育的传入和传播提供了更好的思想基础。

近代中国出现的教会学校和基督教青年会，是帝国主义最初对中国实行文化侵略的产物。但它同时成为近代西方体育运动输入中国的一个重要门户，一些比较正规的田径、球类运动及其竞赛，首先就是在教会学校和青年会中开展起来的。

教会学校的体育运动在近代中国体育史上占有重要的位置。在这些学校中，以课外活动的方式较早地开展了田径、球类等"新式体育"活动。尤其是北京、天津、上海的教会学校，更是体育运动竞赛的最先举办者。在较早时期的大型运动会上，教会学校的运动成绩都是较优秀的。但这些教会学校的主要目的还是利用体育运动灌输宗教意识，提高教会的声誉，宣扬"西洋文明"。因此，教会学校的体育运动一开始就偏重"选手制"，助长了锦标主义，致使20世纪20年代后，锦标主义成了体育运动的一个尖锐问题。

基督教青年会是1844年在伦敦创立的，1876年传入中国，至1920年左右已在中国扩展到17个省及海外华侨聚居处，几十个城市和100多个学校成立了青年会。基督教青年会均设有体育部，专门负责开展适合青年特点的体育活动。1908年以后，一批美国体育专业人员来华，分赴上海、天津、北京、长沙等地的青年会任职，有的还进入中国高等学校充任教授或体育部主任。他们巡回进行体育讲演和运动表演，编写体育教材，创办体育期刊，开办体育训练班等。我国老一辈体育活动家董守义、郝更生、吴蕴瑞、袁敦礼等，就是当时培养出的一批体育骨干。旧中国最初的两届全国运动会和第一到第七届远东运动会等这些早期的新式运动竞赛，就是由基督教青年会组织的。

随着近代西方体育运动在一些教会学校和基督教青年会中的开展，国内也纷纷出现了一些体育专业教育形式，包括短期体育教师训练班、传习所、公私立体育专门学校和体育专修科。如1904年湖南、浙江出现的体操讲习所，1905年娄县（今上海市内）劝学会体操传习所等。而办学较早、影响较大的应属1905年在浙江绍兴创办的大通师范学堂和1908年开办的中国体操学校及中国女子体操学校。这些早期的体育学校和体育专修科，对近代体育的发展作出了一定的贡献。

各种近代运动项目通过各种途径的传入和传播，逐渐在中国普及开来。以体操最早，田径、游泳次之，其后是球类，而男子项目的开展又较女子项目为早。这些运动项目进入中国后首先在沿海一带开展了起来，之后渐次传入了内地。

体操，是最早传入中国的一个运动项目。近代"体操"一词有广义和狭义之分，广义的体操泛指一切体育活动，狭义的体操则指柔软（徒手）体操、器械体操和兵式体操。当时，在中国流行的体操，军队里一般以德国式体操为主，而学校里则盛行日本式普通体操。由于近代体操的内容庞杂，发展滞缓，因而从未单独举行过全国性的体操比赛。

田径运动在中国的开展较球类运动稍早。19世纪末，在洋务派经办的军事学堂中已经有了这个运动项目，其中包括跳高、跳远、跳栏等，并曾举行过两人三足竞走、羹匙托物竞走等活动。教会学校也开展了田径活动。20世纪初，田径运动成为各地运动会的主要竞赛项目之一。如1902年的天津田径联合运动会，1903年的山东烟台阖滩运动会，1910年的旧中国第一届全国运动会等。但总的说来，这项运动开展面不广，在女子中几乎还没有人从事这项运动。

近代游泳运动于19世纪末先在中国沿海省市，诸如香港、广东、上海、青岛、旅顺等地开展起来。1909年，上海建造了中国自己的游泳池，并规定每年举行一次游泳比赛。1913年第一届远东运动会上，中国第一次参加国际性的游泳比赛。至于女子游泳比赛，在20世纪30年代才开始出现。

近代足球运动，是在19世纪末经香港传入内地的。1897年香港开始举办特别银牌足球赛，并在11年后成立了中国近代最早的足球运动组织——"南华足球会"，早期代表中国出国参赛的足球选手多是南华足球队的成员。中国在号称"世界第一运动"的足球方面，曾一度称雄东亚，并敢于与世界强队争雄。在10届远东运动会上，中国足球队9次夺冠；中国足球队出访东南亚，踢遍各国无对手；1936年第十一届奥运会上，中国队与世界强手英国队相遇，虽因体力不支而失利，但其表演令各国刮目相看，均称中国队有一定实力。

篮球运动传入中国，要比足球晚一些，它于1896年前后经天津青年会体育部介绍到中国，继而在北京、上海、广州等地开展起来，但只有少数学生参加。这项运动在当时被称为"筐球"，场地没有一定规格，人数无严格限制，规则也极简单，大都在户外进行。1910年旧中国第一届全运会上，男子篮球被列为表演项目。1913年，华北联合运动会将篮球列为比赛项目，同年，中国男子篮球队第一次参加了国际性的比赛——远东运动会。中国的女子篮球运动开展较迟，1916年，在上海的基督教女青年会中开始有了这项运动，但比赛规则、时间与男子有很大区别，这种状况一直延续到中华人民共和国成立前夕。

排球运动的传入和开展比篮球晚。据说在1913年的第一届远东运动会上，设有排球比赛，而中国队尚不知如何打法，临时由足球选手和田径选手凑成一队上场，结果闹了不少笑话。回国后，参加排球比赛的广东队员丘纪祥、许民辉将这一运动带回母校——广州南武中学，引起了人们对排球的兴趣。后又由广州发展到上海、天津、北京等地。到1914年旧中国第二届全运会上，排球与篮球同样被列为正式比赛项目。而中国的女子排球运动，则1920年才开始出现于赛场上。

乒乓球运动传入中国，纯属一个偶然的机会。约在1904年前后，上海一个文具商人从日本购回一些乒乓球器材，销路不好，几乎无人购买。聪明的店主就在店内搭起乒乓桌，给人们作打球的表演，引起了观众的好奇心，于是人们纷纷购买乒乓球拍，并仿效玩耍。此风便蔓延开来，后来各大城市先后开展了这项活动。1913年，上海成立了第一个乒乓球组织——"乒乓球联合会"，并举行了全沪公开团体赛。至30年代初，我国的乒乓球运动员，已开始采用带颗粒的胶皮球拍。

棒球运动则与其他项目的传入迥然不同。1872年，清政府选派了30名青少年学生赴美留学。这些学生在美期间，非常喜好棒球运动，并组织了"中华棒球队"，该队技术高超，曾多次为耶鲁大学争得荣誉。1887年，这批学生学成归国，棒球运动也因此引进了中国，后经教会学校、基督教青年会的提倡而开展了起来。

网球的传入是在1885年前后。当时，在中国几个大城市的外国传教士和商人打网球。以后在个别教会学校中也有了这项运动。1910年，旧中国第一届全运会将网球列为比赛项目。1915年，中国男子网球队第一次参加国际比赛——第二届远东运动会。而女子网球被正式列为比赛项目则是在1930年举行的旧中国第四届全运会上。

西方近代体育传入中国，是中国体育发展史上的一个里程碑。它有力地促进了中国体育的发展，不仅大大丰富了中国体育的内容，而且也推动了中国传统体育的革新。虽然在西方近代体育的传入过程中，曾经出现过外国人主宰中国体育活动的情况，也曾出现过照抄照搬外国的情况，但它的传入毕竟从总体上推动了中国体育发展的进程，加快了中国体育走向世界的步伐。

结束语

中国的体育，尤其是古代体育是经历了漫长的发展过程而逐渐丰富起来的。它萌芽在原始社会人类与大自然斗争以求生存的渔猎活动中，在祈求神灵保佑的原始宗教舞蹈中，在各种各样原始的医疗活动中，在原始部落之间所进行的战争中。由于中国古代独特的东方传统文化思想的熏陶，产生了华夏大地的中华体育文化，使根植于中国古代社会经济、政治、军事、文化基础之上的古代中国体育，具有了浓厚的民族特色和地区特色，其中有许多宝贵的遗产。它所体现出来的季节性、地域性和娱乐性，反映了中华传统体育的多姿多彩。它与中国古代哲学思想及道德教育紧密结合，表现出与传统思想文化的融合性。可以说，独具特色的古代体育文化，是中华各民族体育文化的汇合与交融的结果。它与中华民族的许多遗产一样，对人类文化宝库作出过有益的贡献，也从其他国家和民族的体育中吸取了不少营养。但通观整个中国古代体育的发展历程，可以看出其尚未与军事、宗教、艺术、医学等文化现象剥离开来，尚未形成自己的独立体系，这是古代中国体育所体现出来的最主要的特点。

中国是世界上著名的文明古国，也是体育古国。在原始社会时期萌芽，经过近两千年的奴隶社会和两千多年的封建社会发展而来的体育文化，具有相当丰富的内容。在1840年鸦片战争以前，以武术、气功和其他民间体育活动为代表的中华民族传统体育，早已在大众中扎根、开花、结果；各种养生思想、文武兼备的思想和注重德育、智育、体育的思想也已延续了多年。内容丰富的古代体育在1840年鸦片战争以后，不仅延续为中国近代体育的重要组成部分，而且也成为中国接受西方体育的内在条件。可以说，中国近代体育也是中国古代体育的延续和发展。

随着近代西方体育的渐次传入，中国盛行了几千年的古代传统体育开始与外来体育并行且逐渐融合。在这种基础之上，通过近代科学技术的影响，中国的体育开始形成了自己独立的科学体系，并且日益成为世界体育不可分割的一部分。

《中国史话》总目录

系列名	序号	书名	作者
物质文明系列（10种）	1	农业科技史话	李根蟠
	2	水利史话	郭松义
	3	蚕桑丝绸史话	刘克祥
	4	棉麻纺织史话	刘克祥
	5	火器史话	王育成
	6	造纸史话	张大伟　曹江红
	7	印刷史话	罗仲辉
	8	矿冶史话	唐际根
	9	医学史话	朱建平　黄健
	10	计量史话	关增建
物化历史系列（28种）	11	长江史话	卫家雄　华林甫
	12	黄河史话	辛德勇
	13	运河史话	付崇兰
	14	长城史话	叶小燕
	15	城市史话	付崇兰
	16	七大古都史话	李遇春　陈良伟
	17	民居建筑史话	白云翔
	18	宫殿建筑史话	杨鸿勋
	19	故宫史话	姜舜源
	20	园林史话	杨鸿勋
	21	圆明园史话	吴伯娅
	22	石窟寺史话	常青
	23	古塔史话	刘祚臣

系列名	序号	书名	作者
物化历史系列（28种）	24	寺观史话	陈可畏
	25	陵寝史话	刘庆柱 李毓芳
	26	敦煌史话	杨宝玉
	27	孔庙史话	曲英杰
	28	甲骨文史话	张利军
	29	金文史话	杜勇 周宝宏
	30	石器史话	李宗山
	31	石刻史话	赵超
	32	古玉史话	卢兆荫
	33	青铜器史话	曹淑琴 殷玮璋
	34	简牍史话	王子今 赵宠亮
	35	陶瓷史话	谢端琚 马文宽
	36	玻璃器史话	安家瑶
	37	家具史话	李宗山
	38	文房四宝史话	李雪梅 安久亮
制度、名物与史事沿革系列（20种）	39	中国早期国家史话	王和
	40	中华民族史话	陈琳国 陈群
	41	官制史话	谢保成
	42	宰相史话	刘晖春
	43	监察史话	王正
	44	科举史话	李尚英
	45	状元史话	宋元强
	46	学校史话	樊克政
	47	书院史话	樊克政
	48	赋役制度史话	徐东升
	49	军制史话	刘昭祥 王晓卫

系列名	序号	书名	作者
制度、名物与史事沿革系列（20种）	50	兵器史话	杨毅 杨泓
	51	名战史话	黄朴民
	52	屯田史话	张印栋
	53	商业史话	吴慧
	54	货币史话	刘精诚 李祖德
	55	宫廷政治史话	任士英
	56	变法史话	王子今
	57	和亲史话	宋超
	58	海疆开发史话	安京
交通与交流系列（13种）	59	丝绸之路史话	孟凡人
	60	海上丝路史话	杜瑜
	61	漕运史话	江太新 苏金玉
	62	驿道史话	王子今
	63	旅行史话	黄石林
	64	航海史话	王杰 李宝民 王莉
	65	交通工具史话	郑若葵
	66	中西交流史话	张国刚
	67	满汉文化交流史话	定宜庄
	68	汉藏文化交流史话	刘忠
	69	蒙藏文化交流史话	丁守璞 杨恩洪
	70	中日文化交流史话	冯佐哲
	71	中国阿拉伯文化交流史话	宋岘

系列名	序号	书名	作者	
思想学术系列（21种）	72	文明起源史话	杜金鹏	焦天龙
	73	汉字史话	郭小武	
	74	天文学史话	冯 时	
	75	地理学史话	杜 瑜	
	76	儒家史话	孙开泰	
	77	法家史话	孙开泰	
	78	兵家史话	王晓卫	
	79	玄学史话	张齐明	
	80	道教史话	王 卡	
	81	佛教史话	魏道儒	
	82	中国基督教史话	王美秀	
	83	民间信仰史话	侯 杰	
	84	训诂学史话	周信炎	
	85	帛书史话	陈松长	
	86	四书五经史话	黄鸿春	
	87	史学史话	谢保成	
	88	哲学史话	谷 方	
	89	方志史话	卫家雄	
	90	考古学史话	朱乃诚	
	91	物理学史话	王 冰	
	92	地图史话	朱玲玲	
文学艺术系列（8种）	93	书法史话	朱守道	
	94	绘画史话	李福顺	
	95	诗歌史话	陶文鹏	
	96	散文史话	郑永晓	
	97	音韵史话	张惠英	
	98	戏曲史话	王卫民	
	99	小说史话	周中明	吴家荣
	100	杂技史话	崔乐泉	

系列名	序号	书名	作者	
社会风俗系列（13种）	101	宗族史话	冯尔康	阎爱民
	102	家庭史话	张国刚	
	103	婚姻史话	张 涛	项永琴
	104	礼俗史话	王贵民	
	105	节俗史话	韩养民	郭兴文
	106	饮食史话	王仁湘	
	107	饮茶史话	王仁湘	杨焕新
	108	饮酒史话	袁立泽	
	109	服饰史话	赵连赏	
	110	体育史话	崔乐泉	
	111	养生史话	罗时铭	
	112	收藏史话	李雪梅	
	113	丧葬史话	张捷夫	
近代政治史系列（28种）	114	鸦片战争史话	朱谐汉	
	115	太平天国史话	张远鹏	
	116	洋务运动史话	丁贤俊	
	117	甲午战争史话	寇 伟	
	118	戊戌维新运动史话	刘悦斌	
	119	义和团史话	卞修跃	
	120	辛亥革命史话	张海鹏	邓红洲
	121	五四运动史话	常丕军	
	122	北洋政府史话	潘 荣	魏又行
	123	国民政府史话	郑则民	
	124	十年内战史话	贾 维	
	125	中华苏维埃史话	温 锐	刘 强
	126	西安事变史话	李义彬	
	127	抗日战争史话	荣维木	

系列名	序号	书名	作者	
近代政治史系列（28种）	128	陕甘宁边区政府史话	刘东社	刘全娥
	129	解放战争史话	朱宗震	汪朝光
	130	革命根据地史话	马洪武	王明生
	131	中国人民解放军史话	荣维木	
	132	宪政史话	徐辉琪	付建成
	133	工人运动史话	唐玉良	高爱娣
	134	农民运动史话	方之光	龚云
	135	青年运动史话	郭贵儒	
	136	妇女运动史话	刘红	刘光永
	137	土地改革史话	董志凯	陈廷煊
	138	买办史话	潘君祥	顾柏荣
	139	四大家族史话	江绍贞	
	140	汪伪政权史话	闻少华	
	141	伪满洲国史话	齐福霖	
近代经济生活系列（17种）	142	人口史话	姜涛	
	143	禁烟史话	王宏斌	
	144	海关史话	陈霞飞	蔡渭洲
	145	铁路史话	龚云	
	146	矿业史话	纪辛	
	147	航运史话	张后铨	
	148	邮政史话	修晓波	
	149	金融史话	陈争平	
	150	通货膨胀史话	郑起东	
	151	外债史话	陈争平	
	152	商会史话	虞和平	
	153	农业改进史话	章楷	
	154	民族工业发展史话	徐建生	
	155	灾荒史话	刘仰东	夏明方
	156	流民史话	池子华	
	157	秘密社会史话	刘才赋	
	158	旗人史话	刘小萌	

系列名	序号	书名	作者
近代中外关系系列（13种）	159	西洋器物传入中国史话	隋元芬
	160	中外不平等条约史话	李育民
	161	开埠史话	杜语
	162	教案史话	夏春涛
	163	中英关系史话	孙庆
	164	中法关系史话	葛夫平
	165	中德关系史话	杜继东
	166	中日关系史话	王建朗
	167	中美关系史话	陶文钊
	168	中俄关系史话	薛衔天
	169	中苏关系史话	黄纪莲
	170	华侨史话	陈民　任贵祥
	171	华工史话	董丛林
近代精神文化系列（18种）	172	政治思想史话	朱志敏
	173	伦理道德史话	马勇
	174	启蒙思潮史话	彭平一
	175	三民主义史话	贺渊
	176	社会主义思潮史话	张武　张艳国　喻承久
	177	无政府主义思潮史话	汤庭芬
	178	教育史话	朱从兵
	179	大学史话	金以林
	180	留学史话	刘志强　张学继
	181	法制史话	李力
	182	报刊史话	李仲明
	183	出版史话	刘俐娜

系列名	序号	书名	作者
近代精神文化系列（18种）	184	科学技术史话	姜 超
	185	翻译史话	王晓丹
	186	美术史话	龚产兴
	187	音乐史话	梁茂春
	188	电影史话	孙立峰
	189	话剧史话	梁淑安
近代区域文化系列（11种）	190	北京史话	果鸿孝
	191	上海史话	马学强 宋钻友
	192	天津史话	罗澍伟
	193	广州史话	张 磊 张 苹
	194	武汉史话	皮明庥 郑自来
	195	重庆史话	隗瀛涛 沈松平
	196	新疆史话	王建民
	197	西藏史话	徐志民
	198	香港史话	刘蜀永
	199	澳门史话	邓开颂 陆晓敏 杨仁飞
	200	台湾史话	程朝云

《中国史话》主要编辑出版发行人

总 策 划 谢寿光 王 正
执行策划 杨 群 徐思彦 宋月华
梁艳玲 刘晖春 张国春
统 筹 黄 丹 宋淑洁
设计总监 孙元明
市场推广 蔡继辉 刘德顺 李丽丽
责任印制 岳 阳